国家出版基金项目
NATIONAL PUBLICATION FOUNDATION

孔子学院汉语教育
与海外语言教育体系研究书系

法国汉语教育研究

FAGUO HANYU JIAOYU YANJIU

[法] 白乐桑　著
Joël Bellassen

北京语言大学出版社
BEIJING LANGUAGE AND CULTURE UNIVERSITY PRESS

图书在版编目（CIP）数据

法国汉语教育研究 /（法）白乐桑（Joel Bellassen）著．-- 北京 ：北京语言大学出版社，2018.12

（孔子学院汉语教育与海外语言教育体系研究书系）

ISBN 978-7-5619-5408-9

Ⅰ．①法… Ⅱ．①白… Ⅲ．①汉语－对外汉语教学－教学研究－法国 Ⅳ．①H195.3

中国版本图书馆 CIP 数据核字（2018）第 269800 号

法国汉语教育研究

FAGUO HANYU JIAOYU YANJIU

排版制作：北京创艺涵文化发展有限公司
责任印制：周 燚

出版发行：北京语言大学出版社
社　　址：北京市海淀区学院路 15 号，100083
网　　址：www.blcup.com
电子信箱：service@blcup.com
电　　话：编 辑 部　8610-82303647/3592/3395
国内发行　8610-82303650/3591/3648
海外发行　8610-82303365/3080/3668
北语书店　8610-82303653
网购咨询　8610-82303908
印　　刷：北京虎彩文化传播有限公司

版　　次：2018 年 12 月第 1 版
印　　次：2018 年 12 月第 1 次印刷
开　　本：787 毫米 × 1092 毫米　1/16　　印　　张：9.75
字　　数：171 千字
定　　价：60.00 元

PRINTED IN CHINA

目 录

第一章　法国汉语教学学科建设之历史沿革

第一节　法国汉学研究

法国的汉语教学历史悠久，其与法国的汉学研究渊源颇深。从 17、18 世纪法国耶稣会士在中国从事的传教及科学活动，到 19 世纪汉学在法国本土的兴起，再到 20 世纪法国汉学的继续发展，法国的汉学研究时间跨度之大、研究程度之深，是许多西方其他国家所无法企及的。

一、法国传教士汉学时代

西方人对汉学的探索可以追溯到 16 世纪耶稣会士开始研究中国儒家经典之时。为了使信奉儒家学说的中国人对基督教产生兴趣，这些耶稣会士试图从汉文经籍中寻找信奉基督教的依据，并通过儒家经典中的概念来宣扬天主，诠释西方教义。在这一背景下，来自意大利、葡萄牙、法国、英国和德国的传教士先后对中国的语言、文化以及人们的思想进行了比较系统的研究。

饶富兴味的是，法国和中国之间的交流从一开始便是文化层面的，并且是源于路易十四与康熙大帝这样最高级别的“相互孺慕”。法国的汉学研究可以从“国王的数学家”谈起。“国王的数学家”是法国太阳王路易十四派遣的传教团，旨在前往中国传播天主教，并访察民情地理，以广见闻。这一传教团是由比利时传教士柏应理（Philippe Couplet, 1623—1693）和他的中国教徒沈福宗（Michael Alphonsius Shen Fu-Tsung, 1657—1692）于 1684 年倡议组织的。当时罗马教宗似乎对向中国派遣耶稣使团不感兴趣，柏应理于是来寻求太阳王的支持。这些饱学的耶稣会士于 1685 年离开法国的布雷斯特，经过三年旅行之后到达北京。“国王的数学家”中，以白晋（Joachim Bouvet, 1656—1730）影响最大。白晋曾为康熙皇帝教授几何学，还用满文参与编写了《几何原本》，而汉文本则收入了《数理精蕴》。1697 年白晋返回法国后，给路易十四写了一份长篇报告，介绍了他所了解的康熙皇帝及中国。其中关于康熙皇帝的部分后来被整理出版为《康熙帝传》一书，并被译成多种文字在欧洲出版。此外，他还向路易十四进呈了包括《诗经》《礼记》在内的数十册中文典籍。这些中文书籍传入欧洲，为西方人了解中国历史文化提供了便利。

在法国，汉学研究的第一个里程碑式的人物是马若瑟神父（Joseph-Henri Marie de Prémare, 1666—1736）。他学习汉语，目的不仅仅是为了传教，也有志于用汉文著述。马若瑟精通汉文，他著有许多用汉文写成的宣传天主教教义的书籍和用拉丁文、法文写成的研究中国的书籍。其最重要的著作是《汉语札记》①。此书是一本关于中国语言和文学的指南书，后来成了欧洲汉学研究的奠基之作。在其之前欧洲关于汉语语言文字的研究均是套用拉丁文的模式。而在《汉语札记》中，马若瑟则强调:“我坚决不愿意把汉语纳入到我们的语言体系之中。”② 该书注重挖掘汉语内在的规律性与特征，思路极为严谨，首次坚决反对以机械模仿西洋（主要是拉丁文）语法的方式去研究汉语。③ 因此，马若瑟被认为是第一个科学地分析汉语语言文字的人，他也以该书之成就被称作 18 世纪最优秀的汉语语法学家。为什么这“第一人”出自法国，而非出自欧洲其他国家呢？实际上，在法国，自《波尔–罗雅尔逻辑学》(*Logique de Port-Royal*）于 1662 年出版之后，波尔 – 罗雅尔（Port-Royal）理性主义语法学就成为了 17 世纪语言哲学的参照标准。当代学者发现，马若瑟之所以对汉语语言文字有比较理性且科学的认识，正是因为他深受这一语法学学派的影响。

另一位重要的传教士是宋君荣（Antoine Gaubil, 1689—1759）。他于 1721 年出发前往中国，1723 年到达北京。之后除了曾作为译员出使俄国和去新疆测绘地图外，他始终居住在北京，并在此度过了 30 余年，直到去世。在北京居住期间，他翻译并注释了不少中国古代典籍，其中包括《书经》④。此外，他还撰有《中国天文学史》。他的另一部重要著作是依据官修《元史》和《续弘简录》等书编译的《成吉思汗及元朝诸帝史》。

在法国汉学之路上，另一个重要的人物是小德金（Chrétien-Louis-Joseph de Guignes, 1759—1845）。他是著名汉学家德金之子，早年跟随父亲学习中文。

① 拉丁文标题为 *Notitia Linguae Sinicae*，1831 年在马六甲出版。该书是马若瑟死后 90 多年才出版的遗著。

② Absit ut ad nostras linguas sinocam revocare velim.（Lundbaeck，1980 年，269 页）

③ *Science and Civilization in China,* vol.VII.I, by Christoph Harbsmeier.

④ 该书于 1770 年在巴黎出版。

1784 年，他与遣使会士罗广祥（Nicolas-Joseph Raux, 1754—1801）一同来到中国，担任过法国驻广州领事馆随员、法皇驻广州代表。1794 年到 1795 年间，他担任荷兰遣华使节团正使蒂进（Isaac Titsingh, 1745—1812）的翻译。1795 年又随蒂进使节团在北京觐见乾隆帝，以庆祝乾隆帝登基 60 年。1801 年，他返回法国，并于 1808 年奉拿破仑之命编纂《汉语法语拉丁语词典》(*Dictionnaire chinois, français et latin, publié d'après l'ordre de Sa Majesté l'Empereur et Roi Napoléon le Grand*)。编纂工作于 1813 年完成。这本词典至今仍具参考价值。

此外，在法国的汉学发展之路上，耶稣会士信件在汉学知识传播方面也是功不可没的。事实上，耶稣会士信件起到了在西方世界传播中国形象的作用。而这些耶稣会士信件的大部分作者是法国耶稣会士。他们对中国形象的描述基本上是正面的，其中部分信件谈到了中国语言及文字的一些特征。在此意义上，耶稣会士信件也成为了西方人了解汉语语言文字的开端。

二、华人与法国汉学研究

在法国早期汉学形成的过程中，一些旅欧的中国教徒亦做出了很大的贡献。这些中国人之所以会来欧洲，是因为耶稣会希望他们可以学习欧洲文化，以便更好地在中国传教。以下几位就是在法国汉学研究之路上留下足迹的重要的华人。

第一位是前文提到的沈福宗。此人生于南京，于 1681 年随比利时传教士柏应理由澳门启程前往欧洲，一路游历了荷兰、意大利、法国、英国等欧洲六国。他们一行分别与罗马教皇和法、英两国国王会见，并结识了当地社会名流。欧洲人其时对东方语言颇感兴趣，他们对汉语包括汉语的语法结构都有研究，也渴望了解中国的其他方面。沈福宗出国时随身带有中国儒家经典和诸子书籍 40 多部，因此也就把中国语言文字、儒家道德哲学等汉学知识传到欧洲，帮助西方学者从事汉学研究。沈福宗的主要贡献之一就是帮助耶稣会士把《论语》等中国古籍翻译成拉丁文，随后在法国出版。他的交际范围不仅仅限于欧洲汉学界，还涉及当时的科学界和知识界。

在法国期间，太阳王路易十四和当时的宫廷都对这个会拉丁文的年轻的中国人充满了好奇。路易十四于 1684 年 9 月 26 日会见了沈福宗，并在晚宴期间向其询问了中国生活的方方面面。其间，沈福宗向路易十四展示了使用筷子的方法，并将《大学》《中庸》和《论语》的拉丁文译本赠给了路易十四。路易十四还让他表演书法，这很可能是欧洲知识界第一次接触到汉字。值得一提的是，马可·波罗（Marco Polo, 1254—1324）的游记讲述了很多关于中国的事情，但是却不曾提及汉字。汉字能被法国民众所了解，沈福宗的作用不可忽视。此外，沈福宗还用汉语念主祷文。这些事件都被记载在当时为法国民众所喜闻乐见的娱乐时事刊物《文雅信使》（*Mercure Galant*）中，因此引起了很大的反响。当时法国正流行"中国风"（chinoiserie），沈福宗的适时到来使其结识了一些法国贵族、政府要员和社会名流。无论是在巴黎旅居时，还是在法国国王的宫廷里，沈福宗频频被介绍给各位知名人士，一时之间成为巴黎的焦点人物，人们纷纷谈论他的衣着打扮和言谈举止。其间，中国的丝画作品还在圣路易王宫（Maison royale de Saint-Louis）展出。

正如美国著名汉学家史景迁（Jonathan D. Spence）指出，越来越多的历史学家把眼光放到了全球，因此全球史研究成为新的趋势，沈福宗的故事就有这方面的意义。① 沈福宗的故事是中西文化交流史上宗教与文化互动的绝好例证。中国儒家经典的译本使法国知识界得以了解中国人的思想，也影响了法国启蒙运动的思想家们。

第二个重要人物就是黄嘉略（Arcade Hoange, 1679—1716，本名黄日升，嘉略为教名 Arcade 的汉译）。他 1702 年随同法国传教士赴欧，后来长期在法国巴黎生活，直至 1716 年病逝。黄嘉略在法国做了许多开创性的工作②：他被任命为法国国王的中文翻译，兼管王家图书馆中文书籍的整理编目工作；他用法文编写了第一部汉语语法书，并编纂了汉语字典，将《康熙字典》的 214 个部首传入法国；他也是将中文小说翻译成法文、将中国诗歌和音乐介绍到法国的第一人。他的这些工作对法国早期汉学的形成和发展发挥了决定性的影响。此外，他还收有两个法国学生：弗雷烈（Nicolas Fréret, 1688—1749）和傅尔蒙（Étienne Fourmont, 1683—1745）。而这两个法国学生都不是耶稣会士，因此跟宗教没有任何关系。这也是法国非宗教色彩汉学的开始。

第三个重要的人物则是马建忠（1845—1900）。他出身于中国的一个天主教家庭，因此接受过教会学校的西式教育，在上海耶稣会中学徐汇公学（Collège Saint-Ignace）学过法语、拉丁语等科目，后赴法留学攻读法律。回国后，马建忠借鉴拉丁文的语法研究古代汉语，又借鉴中国传统训诂学对实词和虚词进行研

① http://epaper.ynet.com/html/2014-03/02/content_43583.htm?div=0
② 徐明龙，2004. 黄嘉略与早期法国汉学 [M]. 北京：中华书局 .

究，对古汉语词法和句法进行系统的归纳与总结，中国第一部系统的语法著作《马氏文通》由此诞生。这本著作共计十卷，分为“正名”“实字”“虚字”“句读”四部分，于1896年成书。尽管《马氏文通》由于过分模仿拉丁系统而受到不少诟病，然而其对后世汉语语法著作产生了很大的影响。正是马建忠的著作给古老的汉语带来了“葛郎玛”(grammaire)(《马氏文通·例言》:“此书在泰西名为‘葛郎玛’。葛郎玛者，音原希腊，训曰字式，犹云学文之程式也。各国皆有本国之葛郎玛，大旨相似，所异者音韵与字形耳。”)，即我们今日所称的“文法”或“语法”。

三、法国专业汉学

1814年，法兰西学院创设“汉文与鞑靼–满文语言文学教授席位”(Chaire de langues et littératures chinoises et tartares-mandchoues，通称“汉学讲座”)，开创了欧洲专业汉学的先河。雷慕沙（Jean-Pierre Abel-Rémusat，1788—1832）成为第一位“汉学讲座”教授，他也是推动法国汉学从传教士汉学转向专业汉学的核心人物。

雷慕沙原本决定子承父业，成为一名救死扶伤的医生。后来他接触到关于中医草药的论文并产生兴趣，开始自学汉语。自此，雷慕沙将全部心血都注入到汉语学习与汉学研究之中。法国学者贝罗贝（Alain Peyraube）曾说，雷慕沙超越了欧洲文法学传统框架，归纳总结出了一套适合汉语特点的教学语法，他是理性汉学的开创人。雷氏一生著述颇丰，包括《汉文简要（中国语言文学论）》(*Essai sur la Langue et la Littérature chinoises*)、《论汉语单音节的一般性质》(*Considérations sur la nature monosyllabique attribuée communément à la langue chinoise*)、《汉语词典规划》(*Plan d'un dictionnaire chinois*)、《汉满语言文学讲义要目》(*Programme du cours de langue et de littérature chinoises et de Tartare-mandchou*)、《汉文启蒙，古文及官话概论即中华帝国的通用语言》(*Eléments de la grammaire chinoise, ou principes généraux du Kou-wen ou style antique, et du Kouan-hoa, c'est-à-dire de la langue commune généralement usitée dans l'Empire chinois*)、《中文的起源和构成》(*Recherches sur l'origine et la formation de l'écriture chinoise*）等等。雷氏的著述中的大部分见解和观点至今都并未过时，因此他的著作一直以来都被列入汉学研究的必读书目。除此之外，他与德国学者之间的通信也是值得后人研读

的，尤其是其中涉及哲学、语言学的内容。

自雷慕沙起，执掌法兰西学院“汉学讲座”教席的历代汉学家薪火相传，从儒莲（Stanislas Julien, 1797—1873）到德理文（Hervey de Saint-Denis, 1823—1892），从而奠定了法国在欧洲汉学研究中名副其实的先锋地位。20世纪初期，法国的汉学研究更是如火如荼，盛极一时。著名的汉学家如沙畹（Edouard Chavannes, 1865—1918）、马伯乐（Henri Maspéro, 1883—1945）、格鲁塞（René Grousset, 1885—1952）等人闻名世界。至今，法国在中国思想史、道家研究、汉语语言学、古典文学、敦煌学等诸多学术领域都有着相当的影响力，深刻影响着国际汉学界。

第二节　法国汉语教学学科建设的历史

一、法国高等教育中的汉语教学

法国的汉语教学正是在法国得天独厚的汉学研究氛围中发展起来的，继承了汉学研究的严谨与精深，一直处于世界汉语教学的领先地位。

1843年，法国国立东方语言文化学院设立了欧洲的第一个中文系，由知名的汉学家和翻译家巴参（Antoine Bazin, 1799—1862）担任主讲，教学对象主要是商人、传教士和一些认为只能在法国进行中国文学研究的外国人[①]。法国国立东方语言文化学院现有教授的语种多达93个，相当于一个语言博物馆。教授的语言不仅仅局限于东方语言，还包括北极语、拉丁美洲的小语种玛雅语以及各种非洲语言。汉语作为高等学府的一门课程，最早就出现在法国国立东方语言文化学院。需要提及的是，法兰西学院的汉文课程采取讲座的形式上课，面向社会大众，而且课程结束不会颁发文凭。而在法国国立东方语言文化学院，汉语课程则属于正式注册的课程，考试合格后颁发文凭。

1900年，里昂大学在当地工商会的资助下，率先将汉语列入高等教育课程，该大学的第一位汉语教授是古恒（Maurice Courant, 1865—1935）。值得一提的是，从创建宗旨和创建背景来看，分别在法国国立东方语言文化学院和里昂大学设立的最早的两个中文系均扎根于语言教学现代化的土壤，目的是为了培养能和

① 王若江，2004. 对法国汉语教材的再认识 [J]. 汉语学习（6）.

中国圈（外交界、商业界等）进行交流的人才。随后的半个多世纪里，巴黎、波尔多、艾克斯、阿拉斯、南泰尔、蒙彼利埃、拉罗歇尔等地的一些大学也相继效法，陆续开设了汉语课。这时的大学汉语教育才开始有了更多的学院和学术色彩。

巴黎大学文学院的谢和耐先生（Jacques Gernet）于 1957 年开设汉语课，后更于 1969 年在巴黎七大创立中文系。波尔多大学于 1959 年创立中文系，由吴德明先生（Yves Hervouët）担任系主任。艾克斯 – 马赛大学于 1966 年开设汉语课，由汪德迈先生（Léon Vandermeersch）担任系主任。巴黎八大也于 1968 年在吴德明先生的主持下开设汉语课。汉语学士学位文凭则于 1959 年正式设立。

近些年，随着中国在世界上的影响力不断提升，汉语在法国高等教育中也有了蓬勃发展。除了在大学里设立专门的中文系外，越来越多的普通大学和精英大学都设有汉语课程。

二、法国基础教育中的汉语教学

如果我们不考虑各种社团、协会举办的或者以私人教授形式进行的汉语教学，那么法国的汉语教学直到 20 世纪前几十年一直是专属于高等教育的。

1958 年，法国巴黎东南郊区蒙日隆市（Montgeron）中学首次开设了汉语课程。虽然这所中学的地位和名气不能和法兰西学院相提并论，但是从汉语作为第二语言教学学科历史的角度来看，此事件意义却是非凡的。因为正是从这一历史时刻开始，汉语的学科建设所需的条件才得以开始具备。正是有了这所普通高中的创举，才有了后来汉语教学在法国中小学的遍地开花；正是有了这一创举，才有了其后法国高中毕业会考中的汉语考试（20 世纪 60 年代末期）；也正是有了这一创举，才有了法国官方的汉语教学大纲和教学目标①。今天，全法已经有 663 所中学开设了汉语课。汉语教学由高等教育扩展到基础教育阶段，这见证了汉语在法国教育系统中地位的变化：曾经是少数专家的专属研究对象，而今已经开始成为法国中小学基础教育阶段教学课程的一部分。

在任何国家，要将汉语作为第二语言教学建立成为一门真正的学科，关键都是要在基础教育中普及汉语教学。因为只有在基础教育里有了汉语教学之后，我们才会去考虑统一的教学目标的设定及教学大纲的编写。而在高等教育中的汉语

① 法国国民教育部于 20 世纪 80 年代主持制定了尚不完整的教学大纲，后自 2002 年开始陆续制定了完整的教学大纲。

教学并没有统一的教学目标和真正意义上的教学大纲。这不仅仅是法国的现实情况，也不仅仅是汉语教学的现实情况，而是一个各国高等教育阶段外语教学都普遍存在的现象。事实上，大部分国家高等教育机构中的外语教学，除了精英大学以外，都没有统一的教学大纲与教学目标，当然也不会有统一的教学理念。

汉语作为第二语言教学一旦被作为学校科目，那么它就需要被全面地重新定义：应该教哪些作为通识的汉语知识？在每一个教学阶段需要达到什么样的目标？汉语的课时安排与其他选修或必修的不同类型的课程之间应该如何协调与平衡？对这些问题的思考首先聚焦在基础教育阶段的汉语教学上，其后又扩大到普遍性的汉语作为第二语言的教学上，从而促成了现代的汉语教学论在法国的诞生。

作为基础教育学科之一的汉语作为第二语言教学具有强制性，这一点与作为高等教育课程的汉语教学不同。事实上，汉语在中小学教育体系中的出现并非一种自动的语言传播行为，而是来自基于经济、社会与地缘政治分析的政治决定。国家推动了支持各种外语在法国进行教学的语言政策的制定。瑞士经济学家弗朗索瓦 · 格林（François Grin）指出，外语教学本身就是公共政策的一种工具。欲解决某种外语被列入基础教育大纲的合理性这一问题，先须自问该种外语教学“是什么”以及“为什么”开展这种外语教学。这些问题不仅仅是出于现实需要以及教育经济学的外部有效性而被提出，也成为地缘政治、历史、文化层面的反思的对象。

在法国，尽管大学里的汉语教学已有一个半世纪的历史，但最终却是通过政治决定才开始成为一种面向大众的语言教学。尽管如此，法国基础教育阶段的汉语作为第二语言教学要早于欧洲其他国家。

在法国，自 1795 年开始，在公共教育中教授外语就已经被写入法国的正式法律文件（共和四年雾月三日的法律，法文名：loi du 3 brumaire an IV）。从 19 世纪到 20 世纪初，外语逐渐成为所有法国中学生的必修课。此外，根据联合国的一项研究（Arieh Lewy, 1992），在基础教育方面，法国也是欧洲具有高度集权化传统的国家之一[①]。在旧制度下，官方制定的课程规划规定基础教育的组织方式，尤其是根据学生的不同水平分班，进行教师的招募等，同时也决定教学科目。这样的课程规划从 1821 年到 1840 年逐渐被详细规定了具体教学内容和评估

① 这与英国等国家相反，这些国家在这方面长期实行权力分散。

方式的教学大纲所取代。这些教学大纲将教学方法和教学内容在全国范围内予以规范化和统一化，设计教学内容，规定学习进程或者学习方法。需要强调的是，基础教育阶段的教学大纲构成国民教育的框架，其中本国的意识形态以及教育、文化、精神、社会各方面的价值观念必不可少。学校教学科目的学科化是一个国家事件，因为它产生于有意识的、自愿的构建。这一带有计划性的教学体系成为我们理解法国基础教育学科化的关键。汉语作为第二语言教学正是在这样的制度背景下于20世纪下半叶逐渐发展起来的，并且随着制度化进程的推进而拥有了属于自身的大纲。

法国作为所有欧盟机构，尤其是欧洲委员会（Conseil de l’Europe）的创建者之一，自“二战”结束以来一直致力于建设一个语言与文化多元的欧洲。法国奉行中小学外语教学多样化的政策。正因如此，在欧洲尚处于低普及率的非欧洲语言教学在法国有了发展的可能，汉语即为著例。

我们注意到，法国的外语教学史上有过两次标志性运动：

第一次运动是在国民教育中引进和推广外语。从19世纪开始，这一运动就将外语列入基础教育的必修课程，从而推进了法国基础教育的民主化，为基础教育的现代化做出了贡献。

第二次运动则是教育官方部门主动推行多样化的语言政策。在20世纪的下半叶，欧洲委员会和欧盟开始思考语言与文化在国家凝聚力方面所扮演的角色。在这样的推动力之下，法国致力于建构多语言与跨文化的教育环境。

这两大运动非常有利于汉语教学在法国的发展。尽管汉语教学出现得相对较晚，但它却得益于已经存在的外语教育制度体系以及已经发展得相当完善的语言教育政策。

三、法国汉语作为第二语言教学学科化①的不同阶段

汉语作为第二语言教学的体制化②是由法国自身教育体制之内部因素和国际环境之外部因素所共同促成的。一方面，法国教育系统的一些内在特征扮演了关键性的角色：外语作为必修课程的传统、多元化的语言政策。法国的汉语教学受益于已经存在的学科体制以及一系列适应汉语学习需求的政策激励。另一方面，

① 所谓学科化，指的是通过教学大纲、教学目标和教学进度的设定以及教师的继续培训等来实现的学科构建。
② 这里的体制化，指的是汉语通过获得第三外语、第二外语、第一外语、国际班、东方语言班等地位逐渐融入法国的教育体制之中。

这和“二战”后中国在国际政治舞台上的角色变化及经济发展有关。

在法国，汉语作为基础教育学科建设经历了几个阶段，是一步一步走向成熟的，其间经历了多次重组。在每一个阶段，均须反思汉语教学的行政性组织模式和教学系统。学生人数与课时数的变化、中学毕业会考中汉语是否作为考试科目的变化、汉语教师招聘的变化等，均引起了教学规划、学习目标、配套方法的剧烈变动。因此，我们有必要回顾一下汉语作为第二语言教学发展史上极为重要的四个阶段。

第一阶段：1958 年至 60 年代末

这一阶段代表着汉语作为第二语言教学在法国的前学科化阶段。教育改革开始生效、幼儿至 16 岁可以享受义务教育以及婴儿潮的出现为汉语在战后法国基础教育中的发展提供了有利的社会与制度环境。

从 50 年代末开始，法国的几所高中开始为对中国文化感兴趣和有学习动机的学生设立了一些汉语兴趣班。1958 年，在巴黎郊区的蒙日隆中学（Lycée de Montgeron）正式开设了汉语课。① 这一课程的开设源于该校哲学教师弗拉梅里女士（Mme. Framery）的提议，并获得了当时一些知名汉学家的支持。第一位受聘教师为陈怡霞女士。蒙日隆中学通常被认为是西方国家第一所设立汉语教学课程的中学。我们从这段历史中可以窥见哲学与汉语的交汇。这种交汇绝非偶然，正如汪德迈先生所言，这是两门具有“猎奇”共性的学科②。哲学对各个学科、各类问题有一个概括的抽象认识，而汉语因其本身的独特性对不同语言文字的各个问题有着独特的认识。两者均是站在一定的高度上看待问题。另外，透过法国汉学研究的历史，我们发现同时修汉语和哲学的人才占了很大比例，由此进一步说明了哲学与汉语的“不了情缘”。

随后，秉着面向世界和外国语言的开放精神而非基于政治或外交背景，圣日耳曼昂莱高中（lycée de St-Germain en Laye）和巴黎阿尔萨斯学校（Ecole alsacienne à Paris）相继于 1962 年、1963 年开设了汉语课。

1964年，法国与中国正式建立外交关系，这无疑也是汉语教学在法国发展的一个关键事件。一些高校利用这一契机将一些学汉语的学生派往中国。1964 年秋天，一共有 21 名法国中文专业的学生去中国留学。1965 年秋天，则有 20 名

① 课程经费包括教师工资最初由学校餐厅承担。

② 摘自 2011 年笔者对汪德迈先生的访谈实录。访谈内容将被放入《法国汉语传播的历史》一书之中（该书计划于 2018 年由商务印书馆出版）。

法国学生去中国留学。这些留学生中，有不少人后来都成了法国著名的汉学家。接下来，因为“文革”的爆发，中法之间互派留学生的交流活动暂时中断。

1964 年中法建交后，法国的一些中学在这一事件的推动下，开始希望通过增加汉语语言文化课的方式来丰富学校的外语教学。然而，这只是一些先驱学校的首创之举，实际上当时的汉语教学还没有真正获得法国国民教育部的认可。

尽管如此，法国教育部于 1966 年举办了首届中学汉语师资合格证书会考，这称得上是汉语作为第二语言教学学科建设历史上的一个重要的里程碑，因为只有这样的会考才能培养出从事汉语教学的真正的专家。1967 年举行了第二次中学汉语师资合格证书会考，其后中断了几年，1974 年再次恢复考试。

60 年代最后几年，汉语已成为可在法国高中毕业会考中得到评估的一门语言。这一关键性的事件推动了在汉语教学领域进行的教学论思考。

第二阶段：1973 年至 1984 年

这一阶段的汉语教学在法国基础教育阶段的地位已基本获得认可。这一阶段可被称作汉语作为第二语言教学在法国体制化的青少年时期，但尚未进入学科化阶段。

1973 年，中法两国恢复文化交流，30 名法国大学汉语专业毕业生于同年 11 月离开法国，赴中国开始为期一到两年的汉语进修学习。新一代汉学家和汉语教学专家应运而生，如贝罗贝（Alain Peyraube）、白乐桑（Joël Bellassen）、于连（Claire Julien）、马克（Marc Kalinowski）、蓝克利（Christian Lamouroux）、勒维（Jean Levi）、萨班（Françoise Sabban）、戴浩石（Jean-Paul Desroches）等人，这对于汉语教学和汉学研究而言是一个新的起点。这些人后来成为了语言学、教学论、历史学、哲学、文学甚至饮食文化研究等不同汉学领域的研究生导师。

1975 年 7 月 11 日的 Haby 法令加速了法国基础教育的民主化，法国开始实行小学至初中的免费义务教育。这一法律还鼓励在法国教授地区语言，这也顺应了法国多种语言并存的语言政策，增加了法国学校对于开展语言多样化的外语教学的兴趣。

1978 年，中国宣布实行经济改革开放政策，这一举措无疑为汉语教学带来了新曙光，汉语学习的前景吸引了更多的学生来学习汉语。这些因素的结合以及从 1974 年起汉语教学被纳入国民教育体系的正式课程之列，使得这一学科首次有了对教学知识的规范化处理和教学方法的统一管理。从 1974 年开始，中学汉语师资合格证书会考定期举行，一般每两年举行一次，有时连续两年举行，这也证明了汉语教学在法国国民教育体系内获得了合法地位。

1977年，任命了第一任兼职汉语总督学（Robert Ruhlmann，于儒伯先生），负责当时法国的汉语教学督察工作。

接下来，初中和高中的汉语教学指导性文件分别于1979年和1981年出版。不过，当时的汉语教学指导性文件还很不完善，不是真正意义上的教学大纲。尽管如此，汉语教学在基础教育阶段第一次有了正式的参考框架，目标、进度、课堂管理、教学方法等都被置于国家的监督之下。汉语从一门具有部分纲领性内容的选修语言科目变成了一门具有合法地位的基础教育学科，得到官方教育部门的正式管理和评估。

1984年法国汉语教师协会（Association Française des Professeurs de Chinois，简称AFPC）的成立称得上是汉语作为第二语言教学学科建设史上的又一大事件。这一协会的成立使汉语教学这一新学科内部有了遍及国内外的关于教学经验、教学方法和资源信息的分享与交流，并在此基础上逐渐形成了一个提倡和传播中国语言和文化的教师团体。

第三阶段：1985年至2002年

1985年至2002年是汉语作为第二语言教学迈向学科成熟化的关键时期。在这20年间，汉语教学的发展不仅体现在学生数量的显著增长上，而且体现在教学观念的巨大转变上。

1984年，法国国家教育学研究院（Institut national de recherche pédagogique，简称INRP）聘请两名汉语教师成立了汉语教学研究小组（笔者忝列其中），每周专门有两个小时的研讨时间。笔者认为，汉语教学面临的一大问题是汉语的非字母化特征使得我们无法预知阅读理解文章里涉及的词汇中的汉字学生是否认识，因此当时的解决办法是在文章后面添加一个很长的词汇表并将之译成法文。这样做的后果是歪曲了阅读理解的真正目的。为了对其进行改革，我们按照字频和字的构词能力制定了“四百字常用汉字表”。如果所考短文超出了这四百字，则要么给出法语翻译，要么给出用这四百字所做的注释。由此，汉字阶梯式的进度诞生了，也就是后来俗称的“汉字门槛”。此后，我们又针对更高的汉语水平等级制定了相应的“汉字门槛”，但“四百字常用汉字表”作为“第一个汉字门槛”，称得上具有划时代的意义。正是在这个汉字门槛的基础上，诞生了之后被称为

“字本位”的汉语教学观。

1985 年，法汉国际汉语班在巴黎的 13 区设立，汉语教学作为正式科目首次进入小学课堂。同年，初中汉语教学指导性文件公布。1986 年，法国汉语教师协会发表《法国中学汉语教学白皮书》。1987—1988 年，高中各年级的教学指导性文件相继颁布。

1989 年，笔者编写了《汉语语言文字启蒙》一书。① 该书是以承认“字”作为语言教学单位（后被称为“字本位”）为基础的，是“法式字本位”的奠基之作。这一新的教学论提倡将语与文相对分开以及合理的汉字教学（字词兼顾，在初级阶段字带词），从而成为了安雄（Bernard Allanic）所称的汉语作为第二语言教学论之“法国学派”的精髓。

法国汉语教师协会分别于 1996 年、1998 年举办了两次国际汉语教学研讨会，将法国汉语教学提升到理论研究的高度。1997 年，法国开设了对外汉语教学博士课程，笔者成为法国第一位对外汉语教学专业的博士生导师。1999 年汉语中学教师资格考试的创设，进一步促成了汉语作为第二语言教学的学科化。

第四阶段：2002 年至今

2002 年至今是汉语教学在法国的成熟期，加速实现了全面的制度化和学科化。

为了实现汉语教学内容的标准化，自 2002 年以来，不同级别与不同层次的汉语教学大纲不断得到完善与明确，而且，汉语教学借鉴《欧洲语言共同参考框架：学习、教学、评估》② 而进行了革新。借助于高中（其后在初中）的外语大纲革新，笔者作为主编指导完成了完整的汉语教学大纲。

2005 年，法国国民教育部推出的外语教学革新计划成为汉语教学在法国得以推广的加速器。此次改革一方面有利于推行新的外语教学政策，另一方面则再次更新了汉语教学法与教学论。

2006 年 3 月 1 日，法国国民教育部设立汉语总督学一职，由笔者担任 ③。这一任命体现了汉语教学在法国基础教育中的重要性，同时也表明了法国国民教育部的两个愿望：加速并巩固汉语作为第二语言教学的学科化；加强与中国之间的

① 张朋朋协助该书部分内容的编写工作。1991 年《汉语语言文字启蒙》第二册由笔者和张朋朋共同编写。

② 《欧洲语言共同参考框架：学习、教学、评估》（法文简称为 CECRL，英文简称为 CEFRL）是欧洲理事会组织其各成员国共同制定的关于语言教学、学习及评估的整体指导方针与行动纲领。以下将《欧洲语言共同参考框架：学习、教学、评估》简称为“欧洲框架”或“欧框”。

③ 笔者自 1998 年起担任兼职汉语总督学，2006 年被法国国民教育部任命为第一任汉语总督学，这也是世界上第一位汉语总督学。此外，时任教育部长的吉勒·德罗宾（Gilles de Robien）还利用这一机会组织了针对法国汉语教学发展的新闻发布会。

教育文化合作。汉语在督学的指导监督下逐渐成为了外语教学变革以及外语高考制度改革中的生力军，在各学区年度计划中拥有了自己的汉语教师继续培训力量。

2008 年，法国国民教育部与中国教育部合作在法国中小学阶段设立中文国际班。中文国际班的开设再次提高了汉语在法国国民教育体制中的地位，是汉语教学在法国基础教育体制中的一次质的飞跃。中文国际班的课程包括各个水平的中国语言文学课，还首次使用中文教授数学，因而成为法国基础教育中教学强化程度最高的汉语课程。中文国际班的设立旨在培养未来的汉语精英，使学生拥有深入的中国语言和文化知识。

自 2009 年开始，依照 2005 年革新计划提出的语言早教观念，汉语课在越来越多的小学开设起来。与此同时，汉语在中小学外语教学中的地位变了，从此不再只是作为第三外语，而是可以作为第二外语甚至第一外语来学习。汉语学习于是在法国中学外语教育系统中变得稀松平常。学习汉语的学生在这几年内成倍增加：2016—2017 学年有 48650 名中学生以及 3500 名小学生学习汉语，而 2003—2004 学年，总计仅有 7628 名学生。如果我们参考参议院提供的相关数据，2002—2003 学年度仅仅有 5384 名汉语学生。10 余年间，汉语学生数增加了近九倍。汉语超过俄语、阿拉伯语，成为了在法国中小学中教授的继英语、德语、西班牙语和意大利语之后的第五大外语。

汉语教学在法国的学科化也得益于外语教育的整体改革。2002 年，法国高一外语课程标准首次正式将文化教学纳入到语言教学大纲中，与语音、语法、词汇居于同等重要的地位。2003 年，法国高二外语课程标准也做了同样的改革。同一年，法国教育部明确规定了小学、初中最后一年以及高中毕业会考学生在文化方面所应达到的标准，并制定了与“欧洲框架”相对应的教学目标、能力方案。

尽管如此，由于高考并没有对如何评估文化知识做出相应的体现，文化教学在实际的语言教学中的地位也就显得无足轻重。直到 2013 年，新的高考方案推出了以下重大举措：在语言教学中引入四个文化概念①、考查五项言语能力、使用全国统一的评估内容及评估标准表。②文化概念作为评估的切入点首次被纳入

① 四个文化概念分别是：“神话和英雄”“空间和交流”“政权所在地与政权形式”“进步的理念”。

② 白乐桑，廖敏，2013. 法国汉语评估及教学划时代的飞跃——论 2013 法国外语高考改革对国际汉语教学的巨大推动 [J]. 华文教学与研究（4）.

教学评估内容，阅读理解、写作、口语表达等各项考查都围绕文化概念展开。文化教学由此在语言教学中得到了合理的筹划与组织，同时，各学习阶段、各语种中一些共通的文化基本概念也得到了清晰的梳理和界定。

2013 年 7 月 8 日，为重建“共和国之学校教育导向计划法”，设立了课纲高等委员会，起草了《教育大纲宪章》，以建立起学校教授的知识的统一性。这一举措强调在学校教育中为所有科目建立一个知识、能力与文化的共同模块的重要性。在这样的背景下，汉语教学不再是孤立的学科，而是融入到外语教学这一大学科之中，它们与教育部其他学科拥有共同的教学目标，汉语教学也为建构学校教育的共同模块做出了自己的贡献。

总之，法国汉语教学和欧洲其他国家汉语教学最大的不同就在于汉语已经全面进入了法国的基础教育体系，可作为学生的第一外语、第二外语或者第三外语，并已成为中学毕业会考正式科目，且有正式公布的纲领性文件。据统计，目前法国有 700 所中学开设汉语课，在读中学生近 5 万人（不包括几千名法国海外国际学校的学生）。法国国民教育部在外语教学改革、评估以及“欧框”融入法国的教育体制方面，均会将汉语教学纳入其中，使其立于与欧洲语言平等的地位。

第二章　法国汉语教学现状与汉语双语教学

第一节　法国汉语教学现状

一、汉语在世界上地位的变化

21世纪初，影响世界语言格局的重大变化之一就是汉语的崛起并逐渐获得国际语言地位。汉语的崛起远非简单的时尚潮流，而是基于中国经济的腾飞、人员的流动和充满活力的全球化。

早在2003年，法国参议员勒让德尔就在报告中做了如下断言："中国刚刚加入世界贸易组织，是当今世界最有潜力的市场，落户中国的外国企业除了需要掌握英语，还越来越需要掌握普通话。"2005年，美国的《新闻周刊》发表了题为《21世纪，中国的世纪》的文章。法国著名记者埃里克·伊兹拉莱维奇则在他的著作《当中国改变世界》中写到："在人类的经济发展史上，人们还从未见过一个人口如此众多的国家（13亿），在如此长的时期内（25年），有过如此迅猛的发展（GDP年增长率达到了8%—9%）。明天，它或许就将超越美国成为世界第一大经济体。无论是法国还是其他国家，在进行任何行动时，都必须顾及日新月异的中国。"

2010年1月，中国超过德国成为世界第一出口国。2012年，随着经济的蓬勃发展以及日益扩大的中产阶级的强劲需求，中国成为了全球最大的奢侈品消费市场，购买者人次达至五千万。① 据法新社报道，波士顿咨询公司2012年6月表示："我们预期，到2020年，将有超过330个中国城市的居民可支配收入水平与2010年的上海相同。"2013年，中国超越美国成为货物贸易第一大国，进出口总额比美国高出2500亿美元。2014年，中国人均国内生产总值按照购买力平价计算首次超越美国，成为全球第一大经济体。

① 《世界报》2012年12月30—31日。

如今，中国已成为欧洲人外派出国的首选目的地，而十年前中国还只排在第六位[①]。此外，来法国的中国游客数量也大幅度增长，于2014年已经超过200万人。法国成为中国人在欧洲的第一旅游目的国。同一年，卢浮宫的中国参观者增至47.4万人，中国成为外国人参观卢浮宫的第二来源地国。卢浮宫的引导标识由三大语言组成：法语、英语和汉语。昨天，汉语还是充满异国情趣和遥远的语言，仿佛一夜之间，汉语已经如此贴近法国人的生活。

中国在科技领域的地位也在上升。2008年10月出版的《科学》杂志强调了一个事实，中国已成为全球第二大学术文章发表国。中国在短时间内成了科技强国，联合国贸易和发展会议也认为中国可能最终超越美国成为"全球第一实验室"[②]，这也解释了为什么法国精英学校的学生热衷于学习汉语。2013年的《世界知识产权指标》还显示，中国首次在既是来源国（中国递交的申请）又是目的地国（在中国申请）的四种知识产权（专利、实用新型、商标和工业品外观设计）排名中位居第一。

中国还是全球最大的留学生生源国。全世界留学生中，中国学生占14%。同时，中国也正成为非华裔学生留学的重要目的地。1999年至2005年，在华学习的外国留学生增加了213%。[③]在法国，中国留学生的人数如今已接近4万人次，即将成为第一大留学生社群。

在"地球村"已成为了现实的当今世界，人员高度流动对世界语言的格局产生了巨大的影响。美国大学理事会主席在2012年曾宣称汉语已成为美国大学先修课程中增势最强劲的语言，并断言汉语将成为课程中第一大外语。全美已有700所高等教育机构设置汉语课程。无论是在普林斯顿大学还是在哈佛大学，学习汉语的学生数量都超过了学习法语和德语的学生数量，足以和学习西班牙语的学生数量比肩。在美国大学理事会发起的一个促进汉语教学的计划中，2000多所高中纷纷申请加入。美国纽约地区的中学英汉双语班在数量上仅次于英西双语班。其他国家同样将汉语置于外语教育的优先地位：南非决定在50所大学里教授汉语；泰国所有教学机构基本都设有汉语课程；英国和荷兰政府提议从中学起教授汉语；汉语还将取代法语，成为意大利部分大学的专业语言；2011年时，印度政府为了在该国一万所高中开设汉语课程而邀请中国提供汉语教师。我们注

① 《法国企业年鉴》新闻稿，2008年9月22日。
② 《世界报》，2005年10月1日。
③ 2006年美国国家教育委员会报告。

意到，近年来，在中国以外的很多法国国际学校里也相继设置了汉语课程，如纽约、蒙特利尔、悉尼、卢森堡、布鲁塞尔、河内等地的法国国际学校。

除了与众不同的文化特征以及中国语言文字所特有的培养智力的价值，汉语被赋予的教育价值的增长也已经成为难以逆转的趋势。随着汉语成为世界第一大经济体（按照购买力平价计算）的语言，掌握汉语在融入职场方面的优势也日益明显。近几年，落户中国的外国公司与企业在人员招聘方面也出现了一个趋势，越来越多的招聘者要求应聘者掌握英语和普通话，而在以前只需掌握英语就足够了。欧委会欧洲民意计量表（Eurobaromètre）的一项研究显示，2012 年欧洲人对于汉语对个人发展有效性的认知较 2005 年时更为普及（增加 4 个百分点），而对儿童学习此语言之重要性的认知更较 2005 年时大为增加（增加 12 个百分点），几乎等同于西班牙语。98% 的欧洲人认为掌握另一门外国语言对子女的未来有帮助。而在那些被认为有用的语言中，20% 的欧洲人分别提及法语和德语，16% 的人提及西班牙语，14% 的人提到了汉语。

中国政府通过孔子学院总部 / 国家汉办及其在海外设置的孔子学院推广汉语。自 2004 年至 2016 年 12 月 31 日，中国已在 134 个国家和地区建立了 512 所孔子学院和 1013 个孔子课堂，学员总数达 190 万人。

随着学习汉语的人数不断增长，越来越多的人参加汉语水平考试（HSK）。在汉语水平考试问世的最初十年里，考生人数的增长曲线与英语托福考试在设立初期前十几年的增长类似；自开考以来，全球 886 个考试中心共计对数百万人的汉语能力进行了测试。

二、汉文化圈及其在东亚国家的影响

汉文化圈是指母语为汉语的华人占人口多数的国家或地区以及海外华人流散族群。

中国　拥有近 14 亿人口（不包括香港特别行政区、澳门特别行政区和台湾省以及海外华侨人数），加入世界贸易组织之后的中国成为全球最有潜力的市场；中国拥有全球第二的外汇储备，1990 年以来吸引了全球外国直接投资的一半；中国是依靠国内消费拉动经济增长的世界经济强国（近 5 亿中国人组成了中国的中产阶级）。中国经济与世界经济的融合是 21 世纪初最重要的事件之一，而 2002

年，中国超越美国成为全球外国直接投资首要目的国。2002 年，中国仅为排名第四位的信息与通信技术产品出口国[①]，2005 年底，中国在此领域已经成为第一。

华人圈 在经济上扮演着决定性角色。在中国大陆（内地）以外，全球另有 6000 万华人。居住在台湾、香港等地的中国人，以及新加坡、马来西亚等国的华人，是全球第五大金融力量。

中国与新加坡的官方语言是汉语，东南亚国家的华人聚居区也属于汉文化圈，而日本和韩国也有成千上万的汉语学习者。在日本，200 万人正在学习汉语，500 所高等院校设置了汉语课程，其中 85 所设立了汉语专业。在韩国，几乎所有大学都设有汉语课程，汉语成为就业市场上不可或缺的语言。因此，汉语今后极有可能成为东亚的公认交流用语。

三、官方语言（普通话）

在中国，普通话是标准汉语，是国家通用语言。普通话是指以北京语音为标准音，以北方话为基础方言，以典范的现代白话文著作为语法规范的语言。普通话的使用者人数不可能减少，因为所有受过学校教育的中国人基本都会说普通话。

汉语是全世界使用人口最多的语言（根据联合国教科文组织的数据，世界人口的 20.4% 说汉语，11.3% 说英语）。这早已不是新闻，不过，今后这一现象应放在经济与交流全球化以及通信和信息技术高速发展的背景下进行衡量。

从1995年到2001年间，中国网民数量由5万增至2650万，而到了2004年6月，该数字升至 8700 万以上，至 2017 年 6 月，更达到了 7.51 亿（其中 7.24 亿通过手机上网，占世界网民总数的 1/5）。中国国内注册在案的网站数量也高居全球第一。今后，中国将成为世界头号网络大国，说汉语的网民数量终将超过说英语的网民数量。受益于信息与通信技术的发展，汉字输入的难度大大降低了：汉语使用者可以轻松地在电脑键盘上利用拼音输入汉字，只需认识汉字即可完成输入。

四、法国汉语教学的全面发展

法国拥有汉语教学的悠久传统。1814 年，法兰西学院首创汉学教席；1840 年，东方语言学校（École spéciale des langues orientales，系今国立东方语言文

① 2005 年 12 月 12 日，资料来源于经济合作与发展组织（OCDE）。

化学院的前身）进行大学培训时开始讲授汉语；1958 年，蒙日隆中学成为西方国家第一所设立汉语教学课程的中学；法国是第一个与中国正式建立外交关系（1964 年）的西方大国，自此许多法国学生相继到中国学习；世界上最大的汉语外语辞典《利氏汉法大辞典》经过半个世纪的辛苦编纂，终于在 2002 年问世。由于以上历史原因，法国成为汉语和汉学研究的沃土。

法国的汉语学习者迄今已达到了 10 万人，其中约一半在基础教育阶段（小学、中学、海外法国学校和远程教育）学习，另外大约两万人（专业与非专业学生）在高等教育阶段学习，余下的是在各类协会（文化协会、华人社团、孔子学院等）里学习。

现今，在法国中等教育阶段，汉语是近 10 年来学习人数增加最多的语言。这项进展与学生中的华人人数无关（在中学阶段，学习汉语的学生中 90% 母语为法语）。在 2016—2017 学年度，初中、高中、高级技师文凭（BTS）及精英大学预备班中共有 5 万多人学习汉语，2004—2005 学年度则仅有 9328 人。短短数年内，在中等教育阶段，汉语已从外语教学的第 9 位上升至第 5 位。同时，除学生数量激增之外，汉语教学也随着汉语获得国际语言地位及其所代表的中国社会形象的巨大改变而发生了质的飞跃。

1. 小学汉语教学

在 2002 年，为了更好地规范小学的汉语教学，法国国民教育部首次公布了《小学汉语教学大纲》。截至 2015 年 12 月，法国已经有 24 所小学设有不同地位的中文课程，加上 15 所海外法国小学，总共有 6000 名小学生学习汉语。此外，在法国小学中已经开设了 14 个中文国际班。

2. 中学汉语教学

在法国，2016—2017 学年度一共有 700 所初中和高中（1998 年 111 所，2005 年 208 所）有常设中文课程。此外，海外法国教育机构的汉语教学活动也有很大发展，特别是在亚太地区，而汉语教学在亚洲以外地区（如伦敦、纽约、圣弗朗西斯科、悉尼、多伦多、布鲁塞尔等）的海外法国教育机构也同样活跃。这体现出在全球化与人员国际流动的背景下，汉语的价值被普遍认可。

自2004年起，学习汉语的中学生人数大幅增长。1995年，共有2663名学生学习汉语；2004年，学习汉语的学生则达到了9327名。而到了2017年，一共有近5万名中学生（海外法国学校和远程教育除外）学习在教育部规定框架下的汉语课程，十余年内增长了四倍多。[①] 目前，海外中学共有8171名学生学习汉语，分布于40所学校。

随着学生人数的不断增长，对汉语教师的需求也在持续增长。据统计，法国本土共有630位汉语教师，其中40%为具有正式资格的教师。另外，还有65名中学汉语助教。在海外的法国中学，也有145位汉语教师。为满足世界各地对汉语教师的需求，中国政府资助的“对外汉语教师志愿者”项目于2004年推出，2016—2017学年度共有73名志愿者在法国高中和初中担任汉语助教。

由此，法国中学汉语教学已经覆盖了法国本土全部学区，而20世纪90年代中期仅有约15个学区。法国的海外省和海外领土中，有法属留尼汪岛、法属塔希提岛、法属波利尼西亚、法属圭亚那与法属新喀里多尼亚。相应地，汉语的地位也在日益攀升。20世纪90年代，汉语主要被作为第三外语或课程外选修语言（占80%—90%），如今汉语作为第一外语和第二外语的学生人数已经达到50%。

法国的中学汉语教学发展不断完善，在国际上的影响力也不断扩大。许多欧洲国家（如荷兰、芬兰、德国等）参照法国模式，在中学开设教育部颁布的汉语课程，并自法国引进教学技能及教学论知识（课程设计、方法等）。

3. 欧洲与东方语言班及中文国际班

在法国的普通中学、技术与职业中学里设有欧洲与东方语言班。这些课程面向中学四年级或以上学生开放。其中欧洲语言班可供学生选择的语言有：德语、英语、西班牙语、意大利语、荷兰语、葡萄牙语与俄语。东方语言班则有：阿拉伯语、汉语、日语和越南语。目前，在中小学阶段的欧洲东方语言班中，汉语排在第一位，有20多个班。

2008年，法国国民教育部与中国教育部合作在法国设立中文国际班。中文国际班的开设提高了汉语在法国国民教育体制中的地位，改善了汉语学习的环境，是汉语教学在正规教育体制中的一次“革命”和“跨越”。中文国际班开设了密

① 教育部汉语督学处数据，是从所有班级收集的数据统计得来的结果，其中不包含在海外的法语高中（约有几千名学生），也不包括国家远程教育中心的学员以及各种汉语体验班或启蒙班的学员。反过来，这一统计数据包括了高等教育机构之间跨校选修的学生人数以及在私立教育机构学习汉语课程的学生人数。

集的课程，不仅提供各个水平的中国语言文学课，还首次使用中文教授数学，旨在为法国培养未来的汉语精英人才。2016年有44个班，其中30个班设在中学，14个班设在小学，分布在10个学区，共有1985名学生。

4. 汉语教学大纲及教材

在法国，曾经实行了20年的中学汉语教学大纲远未完善；如今已有适用于所有层次课程的臻于完善的教学大纲。汉语教学大纲巩固了汉语教学作为一门学科的地位，并成为法国汉语教学学科建设的关键性因素，其影响已经扩展到欧洲许多国家。法国出版的汉语教材丰富多样，有课本、语法书、CD光盘等。全法远程教育中心（CNED）也设立了汉语课程，目前有1300名中学生注册。

5. 汉语高等教育

汉语在法国高等教育中的蓬勃发展，正是汉语水平成为学生职业生涯发展的王牌的直接反映。法国汉语高等教育以以下形式开展：

- 28所大学院系开设了长期的中国语言文学与文化课程或应用语言学课程，共有约7000名汉语专业学生就读；
- 在巴黎高等翻译学院设有汉语课程；
- 150所大学学院和精英大学设有不同类型的汉语课程（自面向非专业生的初级课程至大学中文系专业生课程），非汉语专业学生共计15000人。在高等教育阶段，大部分学习汉语的大学生是"非汉语专业学生"，这表明了汉语的实用价值。在法国所有精英大学（如巴黎高等师范学院、巴黎综合理工学院、国家行政学院、巴黎高等商学院、中央理工学院、矿业学院、国立路桥学院、巴黎政治学院等）几乎均开设汉语课程。

6. 汉语慕课

2013年，法国国立东方语言文化学院利用法国大学慕课平台（France université numérique，简称FUN）启动了该校的慕课项目。一共有9种语言进入此项目，汉语是其中之一。汉语慕课由笔者和王珏担纲，于2016年11月正式开课，注册人数多达10636人。在这些学习者中，母语为法语的占91%，其中61%来自法国，63%的学生年龄在20—50岁之间，60%的学生持有大学文凭，而零起点初学者占 74%。该慕课遵循汉语教学“二元论”，即承认汉语具有“字”与“词”两个语言教学单位。课程针对初学者，遵循汉字的表意特征，优先进行高频汉字教学，坚持遵循字与词的组合规律。不同于其他汉语慕课，该慕课还十分强调学习者自主学习的实现、学习者与学习者之间的互动，并将文化元素很好地融入其中。

7. 汉语能力认证

中国推出了“汉语水平考试”(HSK)，针对汉语学习者的汉语能力进行评估，该考试相当于英语的“托福”考试，中学生也可参加。1994 年，法国举行了第一届汉语水平考试，当时只有 400 人参加。目前，法国共有大约 20 个汉语水平考试中心，2011 年超过 2000 名考生参加了考试，2015 年则有 5043 名考生参加了考试，其中有一半是在法国汉语教学协会承办的考点。此外，中国台湾地区还推出了“华语文能力测验”，于 2003 年 12 月正式对外开办考试。

现今，法国教育部的语言能力文凭（DCL）已将汉语纳入其中。该文凭是面向继续教育的语言等级证书，是一种旨在考查实际生活和工作环境中的语言实际应用能力的语言测试，是专门为成人设计的国家级考试。从问世伊始，它就把目标明确地定位于满足职业培训方面的需求，因此具有极强的实用色彩。该考试由口试和笔试组成，试题主要针对真实的工作情境。根据考试中的表现，考生可得到“欧洲框架”下对应级别的文凭。

8. 学校交流

约三分之一的法国汉语教学机构与汉文化圈有往来，有的以学生互相结对子的形式出现，有的采取双向交流的形式，交换学生往往住在当地居民家里。法国高中生在华参加校际交流与游学活动，大大增加了汉语教学在法国媒体，尤其是地方媒体上的曝光率。与此同时，这些交流活动也有利于法语教学在中国教育机构里的开展。

9. 协会发展

法国汉语教学协会（法文简称 AFPC）。协会成立于 1984 年，其宗旨是在法国推广中国语言和中国文化的教学。其会员主要是汉语教师，并接纳其他支持其宗旨的人士。协会符合法国1901年协会法，属非营利性组织，是法国唯一的汇集初、中、高等教育的汉语教师的专家性协会。迄至2017年4月，协会共有会员517名。协会的经费来源是会员每年缴纳的会费。该协会负责组织在法国的汉语水平考试，并且每年资助20名教师去北京进行语言培训。协会每年出版八期《会员通讯》，组织一次年会，以便教师们有充足的机会对各自的教学经验进行广泛的交流。

1996年2月和1998年2月，法国汉语教师协会组织了两次法国国际汉语教学讨论会，会议论文集分别于1997年和1999年出版。2004年，协会协同法国国民教育部举行了首届全法汉语教师培训研讨会。

法国汉语教师协会的宗旨是：促进中国语言和文化的教学在学校的发展（主要是中学，但也包括大学、高等院校等）；在有关官方机构（如有关部委、使馆等）中代表汉语教育界；促进有关汉语教学法的交流；通过各种会议和《会员通讯》促进汉语教学领域的信息交流。

《会员通讯》及协会网站是会员间联系的纽带，用于会员之间交流教学经验，交换汉学界的信息以及各种材料。2016年开创了协会微信群。除此以外，协会还积极推动与中国各种学校的交流活动。

欧洲汉语教学协会，简称“欧汉会”（法文简称和英文简称分别为AEEC和EACT）。协会的宗旨是推动欧洲的中国语言文化教学与研究之发展，加强欧洲和各国汉语外语教学界的国际交流与合作，以增进汉语教学与研究工作者之间的联系，相互了解和友好合作，为建立一个多元语言和多元文化的欧洲及包容和平的世界贡献力量。

欧洲汉语教学协会2015年在法国注册成立。100多位来自法国、德国、英国、爱尔兰、荷兰、比利时、意大利、瑞士、西班牙、葡萄牙、塞浦路斯、匈牙利、芬兰等国的汉语教学界代表们参加了协会的成立大会。大会通过了欧洲汉语教学协会章程，召开了欧洲汉语教学协会第一届理事会，并选举产生了来自东、西、南、北欧诸国的七名常务理事组成的常务理事会。

第一届常务理事会推选法国白乐桑先生/教授为欧洲汉语教学协会会长，英国张新生（George Zhang）先生/教授、德国韩可龙（Henning Kloter）先生/教授和匈牙利郝清新（Imre Hamar）先生/教授为副会长，西班牙周敏康（Minkang

Zhou）先生 / 教授为秘书长，荷兰曹学飞女士为副秘书长，法国王培文女士为司库。

欧洲汉语教学协会常务理事会讨论制定了协会近期和中长期的目标。近期目标包括撰写建立在调研基础上的《欧洲汉语教学情况白皮书》及组织欧洲范围的汉语教师进行培训和进修。中长期目标包括推动完成欧洲汉语能力标准的制定，促进欧洲范围内的汉语教学研究和交流，并在适当的时候设立一个欧洲汉语教学学术刊物等。

欧洲汉语教学协会于 2017 年 2 月 12 日在匈牙利布达佩斯罗兰大学召开了第二届全体会员大会及常务理事会，来自欧洲 23 个国家的代表出席了这次大会。第二届常务理事会推选法国白乐桑先生 / 教授为欧洲汉语教学协会会长，英国张新生先生 / 教授、德国韩可龙先生 / 教授和匈牙利叶秋月女士 / 教授为副会长，西班牙周敏康先生 / 教授为秘书长，荷兰曹学飞女士为副秘书长，法国王培文女士为司库。

近几年汉语教学在欧洲发展较快，合格教师不足等问题十分突出，因此协会决定其目前的首要工作为推动在全欧洲的本土教师培训，同时全面调研全欧洲汉语教学现状，了解全欧洲各大中小学汉语教学机构及其分布、在读学生数量等情况，建立欧洲本土汉语教学专家数据库，对所搜集的资料进行全面分析研究并提出相应的发展改善策略及措施，形成并出版《欧洲汉语教学白皮书》，为欧盟各有关机构汉语教学的可持续性发展提供科学依据。为此，常务理事会一致同意，寻求与孔子学院总部 / 国家汉办和各有关机构和组织的合作。目前，调研活动已经开始启动。这两个项目的开展和完成对欧洲汉语教学的进一步发展与长远规划，促进欧洲各国同人间的交流和资源共享，都具有很重要的意义。协会的网站（http://www.ouhanhui.eu）刚建成投入使用。

欧洲汉语教学协会的成立无疑将推动欧洲汉语教学人士更广泛地参与欧洲各国乃至世界对汉语教学策略及教学法的整体思考。

10. 巴黎最具规模的两家中文书店

巴黎的凤凰书店和友丰书店均为法国的独立书店，因历史悠久、独具特色而闻名，不但为法国乃至欧洲学习汉语、研究中国问题的学者和专家所熟知，也成为普通读者寻找汉语和中国相关图书的首选之地。

凤凰书店位于巴黎三区蓬皮杜当代艺术中心所在的文化区，由几位热爱中国学术文化的法国人创立。该书店成立于1964年，是全欧洲最早的一家中文书店。书店里大部分是中文书籍，一小部分是介绍中国文化的法文书。书店还经常举办小型艺术展、新书发布会、作者见面会和座谈会等活动，促进了中法文化交流。

友丰书店位于巴黎拉丁中心地带，由柬埔寨华人潘立辉于1970年创立。友丰书店的书籍种类繁多，包罗万象。书店同时拥有出版业务，主要是将中国文化著作译成法文或英文。很多关于中国的一手资料都可以在这里找到，其影响遍及欧洲。此外，书店也会适时组织访法的中国作家与当地读者见面交流，并举办过中国书画展览等活动。

凤凰书店和友丰书店是巴黎最具规模的两家中文书店，是法国公众了解中国的窗口，为中国文化在当地的传播发挥了积极的作用，影响深远。

五、法国汉语教学的“短板”

近些年，虽然“汉语热”随着中国经济的飞速发展而不断升温，但是，汉语课程在世界上的普及程度尚未反映出中国的国际影响力。正如前述法国参议员勒让德尔的报告所言：“虽然学习汉语的学生数大幅增加，但仍无法与这一全球使用者最多的语言所提供的前景相匹配。”

同时，汉语的重要性在法国人中间还没有形成完全一致的共识。有人依然顽固地坚持使用“小语种”甚至“稀有语种”这样一些扭曲的名称来形容汉语；将汉语的崛起降格为偶然的“潮流现象”或“精英主义的表现”。这些观点根本经不起国家层面和世界层面的现实的考验，而且和过去一样，此类观点显然缺乏对外语课程演变的客观且具前瞻性的分析。而那些通过所谓“汉语很复杂”之类的远非缜密的论证即建议将汉语学习推迟至大学阶段进行的论调，更属无稽之谈。

事实上，汉语的特性（语言与文字双重知识体系、口头与书面能力的发展不同步）使我们考虑到应该从初中甚至小学起就开始进行汉语教学。如此一来，汉语学习便成为一种收获颇丰的投资，并且让学生在高中毕业时便可接近自主阅读的门槛，以便在应对高等教育阶段其他专业的同时继续自己的汉语学习。当然，将这一想法付诸实际，也是一项十分艰巨的任务。

我们可以预见的是，一旦公立教育满足不了学生家庭对于汉语学习持续存在的需求，汉语的公立教育与私立教育将严重失衡，这将会是另外一个令人担忧的问题。

我们还注意到，目前汉语还不能作为法国某些精英高等学校的入学考试科目，也不能作为巴黎高等商业学院入学考试的第一外语。这正是高等教育界对世界发展趋势缺乏应变力而导致的令人担心的不正常现象之一。

近些年来，中法之间的合作交流在多个领域开展，汉语在融入职场方面的价值获得了高度认可。中法交流在诸如旅游观光业的商业领域出现了双流量上升的态势。中国赴法游客量于 2011 年达到了 110 万人，未来将超过美国人和日本人而成为远洋来法的观光客中最大的群体。无怪乎世界旅游组织秘书长弗朗扎利（F. Frangialli）预言：“将有约一亿中国人前往国外旅游，中国也将成为全球首选观光目的地，游客数量将多达一亿三千万。”

同时，我们注意到汉语在融入职场方面的价值并不限于商业领域。伴随着酒店专业职高与中国合作伙伴间的交流日益频繁，在职业高中里快速推广汉语教育颇值期待。在法国的知识经验获得中国认可与需求的领域里（航空、核能、时尚行业、旅游、水上运动、农产食品加工业等）亦是如此。

法国作为欧洲国家中汉语教学发展的楷模之一，在师资方面却处于严重匮乏的状态。目前，在法国中学里，正式教师仅占全部汉语教师的三分之一。同样，汉语督学与合格的培训人员也处于供不应求的状态。目前，法国各学区每年都要举办教师的在职培训，这将大大缓解中学汉语师资在法国的短缺状况。

第二节　法国汉语双语教学

“双语教学”指的是把两种不同语言作为教学媒介语的教学活动，让学生通过学习用第二语言教授的学科知识（如地理、数学、文学、历史等）来达到掌握第二语言的目的。因此，“双语教学”不是简单地将母语加第二语言作为教学语言，而是培养学生熟练使用两种语言的能力，并帮助学生学到相应的学科知识以及目的语文化知识。

法国汉语双语教学指的是使用汉语教授部分或全部学科，如历史、地理、数学、文学、体育等，最终达到掌握中国语言及文化的目的。汉语的蓬勃发展使法国在世界对外汉语教学领域处于领军地位。尽管法国是欧洲拥有最多中国移民的国家，同其他极少使用和教授的外语不同，汉语作为第二语言教学主要针对没有中国语言或文化底蕴的学生。我们也注意到，自20世纪90年代以来，由于汉语的价值和使用率的突显，大量的第二代中国移民开始在高等教育阶段学习汉语。值得一提的是，在法国通常教授的外语中，汉语是唯一的声调语言，由此更增添了它在教学领域中的特殊性。普通话中的四个声调对绝大多数的中学生或者大学生来说是个真正的难点，而双语教学正好能保证给学生提供足够的时间来接受汉语的熏陶，掌握旋律般的汉语声调。

同其他国家相比，法国汉语双语教学处于相对成熟的阶段。1993年成立的欧洲与东方语言班汉语方向标志着法国国民教育中的汉语双语教学模式的诞生。2008年创办的中文国际班促进了官方模式双语教学的进一步发展。除了官方模式的汉语双语教学，法国华人社团创办的协会模式的汉语课程也是一种双语教学，对中国语言、传统文化的传播和历史的传承起到了举足轻重的作用。

一、官方模式的双语教学

官方模式的双语教学包括欧洲与东方语言班汉语方向和中文国际班。我们先探讨官方模式的出现、形式、教学特色和内容以及所面临的问题，再对法国海外省——留尼汪岛的双语教学进行简要介绍。

1. 欧洲与东方语言班汉语方向

汉语在国民教育中的双语教学模式自1993年成立欧洲与东方语言班以来便诞生了。1992年8月19日的教育部通告明确规定，在中等教育即初中和高中成立欧洲班。通告还指出，这些欧洲班中的语言可根据学生家长的要求而扩展到其他非欧洲语言，比如阿拉伯语和日语，并命名为东方语言班。欧洲班的教学在成立之初的头两年以语言强化为基础，即除了规定的时间以外，所选语言至少保证每周两个小时的课时。如今汉语方向的东方语言班数量最多。

从20世纪90年代初诞生了一种使用外语教授非语言科目全部或者部分内容的教学模式，这种模式被称作CLIL教学法（Content and Language Integrated Learning），它是一种科学地将内容和语言相结合的教学方法，在教学过程中，语言和学科将共同发挥作用。该教学法在法国则被称为EMILE（Enseignement d'une Matière Intégrée à la Langue Etrangère），意思是使用外语教授一门非语言科目。EMILE 所面临的问题在于这些科目之间是否都等量使用外语。我们可以将非语言科目大致划分为以下几种类型：

- **内涵型科目** 该类型科目所涉及的领域十分丰富，且交错关联，由不同的文化层面穿插组成。内涵型科目最具代表性的课程就是历史地理课。
- **外延型科目** 这些科目重点在于详细讲解关联和定义，主要涉及理科科目，如数学、物理化学、科学和地球生物课。
- **行动型科目** 主要涉及自然活动，它们的精髓在于在行动中使用外语发号施令或者进行解释，体育运动课以及造型艺术课都是例子。

原则上，这些欧洲与东方语言班主要针对第一或者第二外语，在初中阶段每周的课时量最大，目的在于增强语言教学的多样性。从高中开始开展了一门或几门学科部分或者全部使用外语教授的模式，与之配套的高考特别评估体系也已建立。第一个欧洲与东方语言班汉语方向是在南特的儒勒·凡尔纳（Jules Verne）中学建立的，学校选择了历史地理作为非语言科目。随后，其他东方语言班汉语方向相继成立，大多数都选择了历史地理作为非语言科目，但也有一些选择了理科，比如选择数学作为非语言科目（例如巴黎的路易大帝中学和詹森萨伊中学）。最近波尔多的玛让蒂中学则选择了体育作为非语言科目。

使用汉语教授非语言科目，其教学方法不容忽视：在课堂上，一个汉语新词的学习带来的是说和写的双重任务，而历史地理课作为欧洲与东方语言班的王牌科目，以大量的词汇著称，这对汉语方向的学生而言就意味着要进行更多的汉字书写和口头表达。以《凡尔赛条约》的学习为例，仅五个汉字就出现了两个新词（一个是“条约”，一个是“凡尔赛”）与四个生字（约、凡、尔、赛），它们在日常交流中出现的频率并不高，因此书写负担大大增加。再如，“毛泽东”名字中的“泽”字，只有在涉及一些名词时才被使用，因此学生的学习负担相对会比较重。而“东”字意思是东方，则是一个使用和组合频率都很高的汉字，学生应该早已掌握该字。与内涵型科目不同的是，行动型科目（比如体育）对汉字的书写要求大大降低，主要通过口头语言表达进行。由于汉语没有时态和动词变体，也无须考虑阴阳性和数量的变化，口头语言表达相对容易得多。最后，类似数学这样的外延型科目，除了书写任务降低外，借助于共同的数学符号，可使学生更容易理解数学术语，比如术语“algorithme”，汉语意思为“算法”，意思是计算的方法。

针对非语言科目，尤其是历史地理，我们给教师的教学建议是：尽可能减少阅读理解中出现的汉字负担，为此可通过选择文章并改编其中某些章节以优先使用学生已经认识的常用汉字。借助于根据文章内容制作的图片，可有效降低文章的难度，包括汉字学习的难度。

2. 中文国际班

中文国际班和欧洲与东方语言班的教学理念相同，但是师资构成不同。国际班课程被视为精英课程，是现有外语课程中唯一高度强化的外语课程。东方班可以选择非语言科目，比如历史地理、数学或者体育，而中文国际班则由国家统一规定为数学。国际班的数学教师由中国官方派遣，而东方班的数学教师则是法国本土的、通过国民教育部认证的数学教师。国际班教程旨在培养汉语精英人才，使就读学生不仅达到能够进行汉语阅读的水平，并且拥有深入的中国语言和文化知识。

2.1 成立背景

法国中文国际班创立的主要推动力源于法国华人中的杰出人物陈克光（M. Bounmy Rattanavanh）（陈氏兄弟公司创始人），他希望能为华人社团的子女成立一个汉语强化课程班。随着这一要求的提出以及汉语逐渐进入法国教育体制，在汉语督学的推动下，中法之间于 2008 年签订了创立中文国际班的行政协议。汉语和其他 13 门外语一样成为国际班外语。该协议一方面将数学作为非语言科目，这与其他将历史地理作为非语言科目的国际班不同；另一方面，中国教育部不仅提供汉语和文学教师，还前所未有地提供数学教师。在 2017 年，已有近 2000 名学生分散在十个学区的 46 个中文国际班里，这十个学区分别是：巴黎、圣日尔曼昂莱（St-Germain en Laye）、大诺瓦西（Noisy le Grand）、雷恩（Rennes）、普瓦捷（Poitiers）、里昂（Lyon）、蒙彼利埃（Montpellier）、阿维尼翁（Avignon）、留尼汪岛圣丹尼（St-Denis de la Réunion），以及北京和上海的法语学校。2008 年签订的中法行政协议于 2013 年续签，并增加了于 2014 年开学之际在中国也成立相应的法语国际班的条款。

2.2 教学大纲

中文国际班的双语教学大纲是在汉语总督学的直接带领下起草完成的，由中方确认的官方大纲于 2008 年公布。这些大纲是针对小学和中学的双语教学制定的。大纲根据“欧洲框架”中的水平标准来确定在达到某一水平时所应具备的语言能力，适时引入文化主题。一些意义深远的举措被列入大纲，其中包括中国电影和 1555 个常用汉字的识别，大纲还规定双语教学的阅读理解能力应该达到自如的水平。

根据中文国际班大纲要求，进入小学的汉语国际班并不需要学生提前会讲汉语，这样可促进学生语言和文化的融合。大纲指出，在小学毕业之际，学生的听力理解和口语表达能力只要求达到“欧洲框架”A2 的水平，而阅读理解和书写能力只需要达到 A1 的水平即可。针对小学国际班的听力理解和口语表达，汉语的教学目标与其他外语相同，即能介绍日常生活话题（如介绍自己、家庭、学校、购物等），能理解简短的词语和句子，能抓住信息的主要意思，能使用简单的句子进行自我介绍（如介绍家人、朋友、喜好等）。同时，汉语书写因其特殊性给初级阶段的教学方法提出了前所未有的挑战：汉语中，一个看似简短的信息对学生来说却未必简单，诸如姓名这样的主要信息很可能会使用一个低频汉字。事实上，教学目标的确定是建立在常用汉字和高频率组合的词汇基础上的。确切地说，在小学毕业时，会拼读和理解 255 个基础汉字中的 80%（参考 2008 年 9 月 4 日的官方文件“BO”），理解 104 个偏旁部首中的 80%，会认读课堂上学习过的词语，能理解并执行简单指令，如说、听、读、抄写、写、回答等，能理解一段学习过的短文或者理解一段以家庭为主题的文章，其中某些只需口头掌握的词语可借助拼音或者图片理解其意。对于书写表达，会写 255 个基础汉字中的最基本汉字（约 100 个），遵守书写顺序，能听写出学过的词，会将个人信息填入表格，如姓名、性别、年龄、居住城市、国籍等，能自如地写出关于自身的几个句子，如提供个人简单信息（30—40 个汉字）、根据例子抄写句子等。

初中和高中国际班的主要目标在于显著提高学生的书写和阅读能力，使其深入了解中国文化。根据“欧洲框架”，学生的听力理解和口头表达能力达到 C1 的水平，阅读理解和书写能力达到 B2 的水平，必须掌握 1555 个汉字，这些汉字是学生达到自主阅读普通读物的最低门槛。笔者从某高中国际班了解到，该国际班每周共有 9 个小时的中文课，包括 4 个小时的中国文学课、3 个小时的中文数学课和 2 个小时的汉语综合课（见表 2-1），中国文学课和中文数学课都由中国国内派来的教师教授。

表 2-1　巴黎某高中国际班中文课时表

科目	每周课时
中国文学课	4 小时
中文数学课	3 小时
汉语综合课	2 小时

2.3 中文数学课

数学课的内容是法国教学大纲所规定的内容，而中文数学课的内容是用汉语讲解正常法语数学课堂上已经学过的概念或者练习，其宗旨在于数学学习服务于汉语学习，汉语学习同样也服务于数学学习。 中文数学课与普通数学课（用法语教授的）的两个任课教师协作设计共同的教学进度，以利于学生掌握知识与技能。如果说数学课首先建立在解决问题的基础上，那么用汉语教授数学课的目标之一在于发挥学生用汉语表达的能力，提高学生口头或者书面表达能力，训练逻辑思维，解释解题步骤，并促使学生主动阅读信息、处理信息，配合软件或者计算器的使用。通过这样的教学方式，学生对一些数学概念和方法的理解才能更加深入，同时学生的思考和研究能力也得以能提高。

在中文数学课堂上，中国老师用其特有的方法讲解数学概念，从而使学生能够以不同的方式、从不同的角度进行理解。安立明（Rémi Anicotte）老师曾撰文介绍中文数学课教学经验，他举例说，中国人表示有理数经常使用带分数，比如把三分之七（7/3）化成二又三分之一（$2\frac{1}{3}$），从而揭示整数部分；中国人读小数时，小数部分的数字是单个地读，如 3.14 读作“三点一四”，而不是像法国人那样读成“三点十四”，这些新鲜的讲解方式能使学生更深入地理解有关数学概念。①

另外，用中文教授数学也涉及重要的文化领域，比如用算盘进行计算，也涉及介绍一些中国数学史上的经典文籍以及重要的人物及成就，教授中国传统教育中的心算技巧和珠算口诀，甚至是中国传统的经典数学问题，比如中国古代著名的数学趣题“鸡兔同笼”。

2.4 中文国际班的文化面向

除了整体教学目标，大纲中的文化内容也能使出身于中国家庭的学生寻回自

---

① 安立明，2012. 用汉语教授一门科目——对外汉语教学的一种策略 [J]. 数学通报，51（11）.

己的文化根基，唤起他们的共鸣。

中国文学的学习除了抒情散文，如朱自清的《背影》和《匆匆》，以及当代散文家（譬如余秋雨）的一些文章，还可以通过学习《论语》选段或者中国古代寓言来进行古汉语启蒙。文化教学主要通过以下方式导入：

- 通过报刊学习华侨话题，根据华侨的分布状况来了解华侨的历史和现状，比如留尼汪岛和巴黎的华人区、文化游行、移居方式和数量、分布状况、移民原因、移民的职业状况、生活条件、第二代和第三代移民的状况以及在法华侨的融入等话题。
- 城市主题可以让学生更深入地了解中国大城市的历史背景和变迁，比如北京和它的历史；上海，如今的特大型城市，在 20 世纪上半叶如何被打造成一座国际性都市，以及对包括北京在内的诸多大城市里涌现的都市文化的思考。
- 中国电影话题需要使用录像教学，安排适当的时间来分析电影内容和电影风格，同时介绍关于中国电影史的知识。电影《卧虎藏龙》可以让学生欣赏辨析传奇叙事与电影叙事，另一方面可以引入中国武术话题。因此，通过简单的介绍，可以让学生了解中国电影飞速发展所历经的几个重要阶段，尤其是近 20 年来中国新电影的出现和它在世界电影中的地位，以及西方电影对中国新一代电影导演的影响。也可以向学生展示 30 年代上海电影公司的作品，50 年代以后北京、长春电影制片厂的电影，以及当代的一些电影。譬如《小城之春》，这是一部具有代表性的电影作品，语言清晰易懂。其他选择还有《变脸》《北京单车》《洗澡》《黄土地》《大红灯笼高高挂》《卧虎藏龙》，等等。
- 观看张艺谋导演的根据余华的小说《活着》改编的电影，可以使学生们感受到几经变迁的中国近代史。学生通过对小说及其改编的电影的学习，可以提高他们的叙述和论辩能力，帮助他们分析所学作品蕴含的更深层的意义。
- 唐诗宋词的学习有助于华裔学生更加重视中国的传统文化，这些诗词的主题能使其产生共鸣，比如故乡、分离、理想等。
- 关于哲学，可以通过学习《论语》节选引入儒家关于仁义、正义、礼仪和为学等价值观。道教的学习则可以通过园林艺术、自身修养或者武术来展开。佛教的作用以及佛教与其他民间信仰、宗教之间的诸说混合，都可通过海外华人所熟悉的环境来理解，比如道观和佛塔。

3. 官方中法双语教学构建：实施及问题

2008 年开学之际运行的中文国际班在创建几年之后，其发展势头远远超过了当初的预想，2017 年已达到 46 个班。

中文班创建的最初动力源于华人聚居地自然而然的需求和意愿，比如巴黎的十三区、巴黎郊区的大诺瓦西、留尼汪岛的圣丹尼，包括上海的法语学校。由于随后各学区相继开设国际班，甚至在中国学生很少或者没有中国学生的情况下也开设了国际班，这使得国际班在 2014 年分布已十分广泛。如此迅猛的发展折射出这一优秀的教学模式的吸引力，也反映出家长对作为国际化语言的汉语的重视。但是过快的发展也不可避免地带来了一些问题，比如现今的机构组成参差不齐，出现了盲目创建和创建后跟踪不到位的情况。

另一个问题在于从中国派来的教师所面对的教育和教学文化差异。最大的差异莫过于不讲法语的数学教师必须适应与中国截然不同的教学制度和文化背景，必须想到用“汉语作为外语教授数学”这个前所未有的模式，这同传统教学的差别显而易见。尽管数学具有“世界性”，但由于教学理念和教学法的不同，在教授过程中仍会出现中法差异。这一模式可能更注重中法两种教学传统的融合，一方面强调写作、演示和借助于计算器或者数学软件，另一方面又强调灵活运算和使用算盘。

4. 时间均等的双语课程

直至今日，我们只有一例严格意义上的时间均等的双语课程，这就是 2010 年成立的北京法国国际学校双语幼儿园的双语班课程，这个双语班在成立四年后，也就是 2014 年创建了国际汉语班。如果说在幼儿园口语习得尚令人满意的话，那么汉语固有的说与写的划分随后却带来了困难。学生们进入小学后，和一个普通的中国学校相比，国际班的学生汉字习得水平就表现出了明显的差距。由此我们开始思考在双语学校开展两种文字完全平行学习的可能性。

5. 留尼汪岛的双语教学

法国首例中法双语教学课程应该追溯到19世纪马斯克林群岛的留尼汪岛。第一批中国人因为制糖业的需求以及1848年奴隶制的废除，于19世纪中叶来到留尼汪岛。当时的合同制中国工人都来自广东、福建或澳门，不过今天大多数留在留尼汪岛的中国人却是1962年以后自愿移居的移民后代，而非最初合同制劳工的后人。

留尼汪岛首批中国文化协会在广东人的倡导下于1877年出现于圣丹尼。1927年在圣丹尼创办了一所中文学校，中国商人聘请了祖籍为中国或者来自毛里求斯的教师教授他们华人的媒介语言，即客家话或广东话。第二次世界大战前后，殖民地当局认为这些学校是地方主义文化而对其大大消减甚至将其关闭。面对这些阻碍，华人群体朝着开设中法双语学校的方向努力，第一所双语学校于1942年创办于圣丹尼，随后在圣安德烈创办了另一所双语学校，而在南部圣皮埃尔创办的学校规模较大，集中了主要的客家裔子女。1948年留尼汪岛成为法国的海外省，义务教育的实施使得中国家庭在法国教育机构为自己的孩子报名注册。20世纪50年代起，另一所学校在当地教堂和政党的支持下在圣保罗得以发展，小学的主要课程都用普通话教授。从50年代末到60年代，由于同工作市场需求相冲突以及公务员身份的诱惑，中法双语学校陆陆续续被关闭。留尼汪岛多语言、多文化的背景促使祖籍为中国的留尼汪人最终掌握了法语，以及通常成为他们母语的克里奥耳语（créole）。法国留尼汪岛背景下的中国移民后代被完全同化，汉语的使用仅仅限于老人之间。正是在这个时候汉语教学在法国本土的大城市兴起，留尼汪学区效仿着在朱莉埃特·多迪（Juliette Dodu）初中和勒贡特·德·列尔（Leconte de Lisle）高中开设中文课，80年代初在大学也设置了中文课。汉语学科的兴起，从一开始的缓慢且局部的格局到21世纪初全面飞速的发展，让祖籍为中国的留尼汪人开始了寻根之旅（从辨认记忆中的祖籍地到庆祝中国传统节日如春节等），很多年轻的留尼汪人意识到汉语的使用价值，都前往中国进行语言学习。如此生机勃勃的发展促使留尼汪学区的汉语教学更上一层楼，2013—2014学年，已有1500名汉语学生分散在28个教学机构以及东方语言班和汉语国际班。2016—2017学年，共有16所初中和11所高中开设中文课，学生总数为1849人（上一学年为1832人）。小学则有110名学生学习汉语，其中80名为中文国际班的学生。

二、协会模式的双语教学

与法国官方模式的双语教学有所不同，协会模式的汉语双语教学尽管近30年来发展迅速，学生人数剧增，但在研究领域却几乎是一片空白。为了获得关于师生背景、教学内容、课堂运作等详细资料，我们针对在巴黎为少年儿童开办中文课的协会或机构进行了调查。法国协会模式的中文课程主要针对华裔或中法混合家庭的子女，这种国家教育体系以外的中文课程在华人群体广泛存在，是孩子深入了解中国语言和文化的另一重要途径。

1. 社会背景

法国的华人群体通过几次移民浪潮在不同时期、因为不同原因到达了法国。地理政治学专家佩卡尔（Pierre Picquart）（2004）曾提到有60万至70万在法华人，并预计这一人数在2007年会超过100万。时至今日，由于统计的标准不同和移民频繁的内部流动，很难获得最新的在法华人的确切人数，但可以肯定的是，法国是欧洲拥有最多华人的国家，其中大多数华人是20世纪80年代到达法国的。超过80%的华人生活在巴黎地区，他们中间包括大量的第二代、第三代年轻移民。

由于生活轨迹的不同，最早的华人移民和第二代移民对自己身份的认同存在很大分歧。老一代移民心系自己的根，而在法国接受教育的新一代移民已融入法国的社会生活，绝大多数已接受法国的社会生活准则，甚至将父母的文化视为外来文化。为了让第二代移民不忘根不忘本，家长们让孩子从小就在华人社团内部开办的中文学校学习语言和文化。巴黎最早的中文学校创办于20世纪80年代初。一方面，这符合家长们的传统教育观念；另一方面，国际交流的加强和中国经济的发展也推动着中文学校的发展。因此，越来越多的家庭在中文学校为孩子注册，一旦注册，学习过程通常比较稳定，一般都能持续好几年，甚至在十年以上。这也是巴黎的很多中文学校已经拥有30多年以上历史的重要原因。

2. 学习动力

协会模式的双语教学的动力主要来源于家长，一般来说有三种不同的动力促使家长让自己的孩子学习汉语。

第一个动力在于保持孩子的中国根。不管是中国大陆家庭、台湾家庭还是70年代到达法国的东南亚华裔家庭，都情系中国根。这些老一代移民对母国感情深厚，正如中国谚语所说：落叶归根。它表达了老一代华裔在年迈之际渴望回到家乡的情感，虽然远离家乡，但是却从未远离中国的文化根基。然而，由于从小接受法国的教育，第二代移民越来越认为母国文化的传承与己无关，他们更热衷于融入法国的生活，习得西方的文化。为了让子女牢记自己的根，让他们去中文学校学习语言和文化成为了必不可少的途径。

第二个动力是为了取得职场的成功。在这种情况下，孩子学习的不仅仅是父母的母语，也是一门帮助自己在职场取得成功的语言。越来越多的法国公司去中国发展或者与中国合作，会讲汉语成为了一大优势。同时，很多华人家庭同中国保持着不同程度的经济和贸易联系，掌握汉语也成了海外华人的职场王牌。

第三个让孩子学习汉语的动力在于汉语本身的特性。同字母语言不同，汉语是发音和书写分离的语言，这就意味着会说并不代表会读会写。这种说写分离使得汉字的学习必不可少。很多中国移民家庭已认识到这种情况，因此学写汉字成为了移民子女常见的家庭作业。另外，三分之一的移民家庭来自浙江省的温州地区，他们中间的很多人在家只讲方言，在这些家庭长大的孩子因此具有了双重任务：学说普通话和学写汉字。

3. 协会模式中文学校现状

关于在法国开设中文课的华人协会数量很难有确切的、官方的统计。为了得到一个大概的、相对完整的数据，我们对巴黎地区的华人团体和中文学校进行了广泛的调查。根据我们调查所获得的信息，在巴黎有100多个华人协会或者社会团体，其中约有一半的协会或团体开设了中文课，目的是传播中国语言和文化。各个学校每年的注册人数都在大幅度增加，因此出现了很多课堂满员的情况。与此同时，大量华裔青年想通过各种各样的文化活动回中国寻根，比如在中国的语言实习以及书法、传统舞蹈、武术的学习，等等。这些学生不仅是为了学习语言，也是为了学习中国的传统文化、历史和礼仪知识。

巴黎及其郊区究竟有多少所中文学校？学生的总数量究竟有多少？这些学校规模不等，大的人数上千，小的只有零星几人，虽然难以统计，但根据中国驻法教育处及我们调查所收集到的信息，可以大胆地估计为巴黎地区约有 20000 名学生在中文学校学习汉语及中国文化。我们对其中主要的几所学校进行了采访以便获得最直接的信息。值得一提的是，在巴黎的中文学校中有一特例，那就是巴黎同济学校。与其他华人团体或协会创办的中文学校不同，这是一所由非华裔法国人创办的法国协会名义下的中文学校，其宗旨在于帮助在法的中国人群融入法国社会。除此以外的其他学校都是华人团体或协会名义下的中文学校，比如：法国华侨华人会中文学校、潮州会馆中文学校、法国中华学校、巴黎精英中文学校、巴黎培英中文学校、巴黎圣母堂中文学校，等等。这些学校拥有大量的学生，在巴黎久负盛名。表 2-2 展示了部分中文学校的基本情况：

表 2-2　法国巴黎部分中文学校基本情况表

学校名称	地址	创建时间	2013—2014 学年学生人数（人）	备注
法亚文化友爱会 Rencontre et Culture Franco-Asiatique（RCFA）	Porte de Choisy, 75013 PARIS	1981 年	1000	巴黎最早的中文学校
法国中华学校 Institut de Formation Franco-chinois（IFFC）	35, rue de Chabrol, 75010 PARIS	1982 年	700	学校约四成是中南半岛（越柬老）华侨后代，六成为浙江华裔后代
法国华侨华人会中文学校 Association des Chinois Résidant en France（ACRF）	43, rue de temple 75004 PARIS	1986 年	1300	巴黎的华人移民中成立最早的协会
华裔互助会中文班 Association des Résidents en France d'Origine Indochinoise（ARFOI）	37, rue du Disque, 75013 PARIS	1988 年	300	学生家庭背景多样化，使用侨办赠送的汉语教材，1—12 册
潮州会馆中文学校 Amicale des Teochew en France（ATF）	44, av d'Ivry, 75013 PARIS	1989 年	850（2011 年）	侨办在其成立之初就予以重视，该校曾被侨办评为“中文示范学校”。由于学校翻新工程，学生人数 2013—2014 学年缩减为 400 人，但工程结束后学生人数有望迅猛增加

（续表）

学校名称	地址	创建时间	2013—2014 学年学生人数（人）	备注
欧洲时报中文学校 Association des Amis de Nouvelles d'Europe（AANE）	48—50, rue Benoît Malon 94250 Gentilly PARIS	1992 年	800	2008 年创办首家孔子课堂；2009 年侨办授予的“中文示范学校”之一
巴黎精英中文学校 Association of Language and Culture International Exchange（AlCIE）	177, rue de Charonne, 75011 PARIS	2007 年	280	最小的学生仅 4 岁半，最大的学生 22 岁；80% 为温州家庭，20% 为其他地区家庭和中法混合家庭；被视为中文学校中的私立学校
巴黎同济学校 Association d' Assistance scolaire, linguistique et culturelle（ASLC）	12 rue Bellot, 75019 PARIS	2008 年	1000	法国协会名义下的中文学校，创办人为法国人；90% 的学生来自浙江温州家庭

表 2-2 显示了 2013—2014 学年这些学校的学生规模。学生的数量主要由学校所在的地理位置决定，教学质量和学费并非主要决定因素。表 2-2 同样显示出最重要的学校都位于巴黎市区或者近郊，这是由移民家庭的地理分布决定的。一些来自同一个城市或者地区的协会，比如广东会馆，也同样为移民家庭的孩子提供中文课。越来越多的小规模学校星罗棋布地分散在大巴黎地区，这些学校的出现为远郊的家庭学习汉语提供了便利。现在在法国的中文学校中，还逐渐呈现出区分公立、私立的趋势。“公立学校”指由华商机构或协会资助开办的中文学校，这些学校为非营利形式，学校规模大，学费普遍较低（一年为 200 欧元左右）；与这些“公立学校”相对应的“私立学校”规模较小，但费用较高，如巴黎精英中文学校一年学费为 380 欧元，但学校所提供的课程更丰富，如书法、国画、表演等兴趣班，在学习汉语的同时更强调文化、礼仪、国学启蒙、美德教育，注重提高学生的综合能力和素质。

4. 学生背景

巴黎的中文学校主要是针对从小学到高中的华人子女，也就是说学生已经拥有了一定的汉语口语基础，这与官方的汉语国际班的创立初衷一致。以巴黎同济学校为例，该校在 2013 年拥有 1000 名学生，其中 90% 是小学生，10% 为初高中生，最小的学生 8 岁，最大的学生就读高三毕业班。学校根据学生水平分级排班，从初级班到高级班共九个级别。由于巴黎同济学校位于温州家庭聚集的巴黎十九区，绝大多数学生都出身于温州家庭。孩子成长的家庭环境各种各样，有的在家讲温州话，有的讲普通话。很多温州家庭的父母忙于生意，于是雇佣会讲普通话的阿姨照顾孩子，会讲普通话成为了招聘阿姨的必要条件。我们在另一所学校——法国中华学校了解到，这所学校在 2013 年约有 700 名学生，招收 5 岁以上的孩子，但绝大多数学生的年龄段是 8—16 岁，小学生和中学生的比例较为均衡。70% 的学生来自中国大陆家庭,25% 来自台湾地区和东南亚家庭，剩下的 5% 来自中法混合家庭和法国家庭；在 70% 的中国大陆家庭中，温州家庭又占据了 80%。再以巴黎精英中文学校为例，该校规模较小但声望较高，被视为中文学校中的私立学校。学校现有 280 名学生，其中温州家庭占据 80%，剩余 20% 来自中国其他地区家庭以及中法混合家庭。由于学校所提供的语言和文化课程比较全面（包括书法、国画、表演等），一些在国内接受过高等教育、在法国拥有良好生活工作条件的家长也将子女送到该校学习汉语及中国文化。

5. 教师背景

在这些中文学校里，教师主要由以汉语为母语的来法留学生担任，掌握普通话是最基本的要求。近几年来各个学校的师资力量在不断增加，对规模较大的学校来说，教师人数达到了 15—20 人。一些学校也开始重视教师的专业背景，再以巴黎同济学校为例，学校创建于 2008 年，创建之初的教师主要是法国在读的中国硕士生或博士生，而从 2012 年起，那些对外法语专业的学生或者是中国师范大学毕业的学生成为首选，因为学校认为拥有师范专业背景的教师更善于同孩子交流，也会表现出更多的责任感和耐心。巴黎精英中文学校则主要招收拥有汉语言文学或者对外汉语专业背景的教师。但在很多中文学校里，教师仍局限于汉语为母语的留学生，与师范或者汉语言专业背景的教师相比，他们缺乏教学技巧，对母语的认识不足，在传授汉语和中国文化时相形见绌。

6. 教学内容

巴黎各个中文学校的课程时间安排大致相同。由于是国家教学大纲以外的课程，所以课程安排在学生不用上学的时段：周三、周六和周日。节假日停课，即一年有 34 个星期的课程。一般中文学校对同一级别课程推出不同的时间段，以便学生根据自己的情况和家长的时间表进行选择，每堂课持续一个半小时或者两个小时，通常每个学生一周一次课，少数学生一周选两次课。在初级阶段的课堂上，教师绝大多数时间用汉语授课，法语只在需要的时候才使用，在高级阶段则只使用汉语授课。

在规模较大的中文学校里，教材主要来自中国，各个学校可以根据自己的情况自由选择。一些学校得到了中国国家侨办的支持，每年都能收到侨办赠与的名为《中文》的教材。这套教材主要针对欧美华人子女，主课本从初级到高级共有 12 本书，主要目的在于通过学习文化题材的文章帮助学生掌握基本的听说读写技能。另一套在中文学校里使用的教材名为《汉语》，主要针对亚洲华人子女。

在没有侨办支持的学校里，教材的使用则比较灵活随意，比如由人民教育出版社出版的《标准中文》。这套教材在巴黎同济学校得到很好的反响，其教学目的是教会学生 2540 个常用汉字、6362 个常用词语和 725 个基本句型，同时发展学生的口语和书写能力。其他学校使用的教材各异，如由北京语言大学出版社出版的《汉语会话 301 句》。

除了教材的使用，一些学校也会在高年级摘选一些中国的经典文献、散文或者小说节选，以此拓宽学生的阅读面，帮助学生更好地了解中国的经典文学和历史变迁。可是，同汉语国际班的文学课相比，中文学校的文学介绍更具随意性。由于没有教学大纲的指导，所选文学作品常常根据授课教师的喜好和学生的要求摘选，因此缺乏前后关联性。

7. 教学思考

通过对巴黎主要中文学校的实地考察，我们发现了学校之间的一些共性和差异，在教学构想上也提出了进一步的思考。

7.1 学校选择的自由

巴黎的中文学校没有统一的教学大纲和教学目标，各个学校可自由决定自己的教学安排和教学目标，自由地选择教材和教学方法。

法国中文学校所使用的教材要么是中国国家侨办赠送的针对欧美华人子女或者亚洲华人子女使用的教材，要么是学校在中国国内挑选购买的。我们有理由提出这样的疑问：这些教材并非针对在法华人子女这一特殊身份背景，那么哪些教学内容更适合这一特定群体？ 是否应该鼓励本土教师或者专家去编写针对这一中法双语群体的教材？现阶段协会模式的汉语课程还处在不受教学大纲约束的自由发展时期，是否有必要将其规范化？如有必要，由谁负责？又如何规范？中文学校教学方法和手段的规范化预计将需要很长时间。

7.2 沟通和交流的缺乏

缺乏沟通和交流不仅仅存在于各个学校之间，也存在于学校和官方教育部门之间。各学校之间缺乏协调和沟通的主要原因在于学校之间的激烈竞争，很多学校对自己的生源、师资、教材和教学方法等信息严守秘密。基于这些原因，我们的调查也并非一帆风顺，不少学校因不愿对外透露自己的信息而拒绝接受采访，能接受随堂听课的学校少之又少。

学校之间缺乏交流，导致它们之间缺乏比较和借鉴，因此造成教学方法的僵化保守，我们很难知道哪种教学方法、哪些教学内容更能适应这一年轻的中法双语群体。根据我们的调查，大多数学生由于自身的汉语水平较高，虽然所就读的初中或者高中开设有中文课，但是他们并不会上这些中文课，但高考时仍将汉语作为第二或者第三外语来参加考试。在巴黎规模较大的中文学校里，几乎每所学校都开设有汉语高考班，帮助这些选择了汉语作为第二、第三外语的学生准备高考。2013 年，法国教育部门对外语的高考体制进行了重大改革，而汉语也是改革的学科之一。因此，对于中文学校的教师来说，适应新的改革举措显得十分迫切。然而，这些中文学校的教师教学岗位经常处于流动状态，教汉语对他们而言只是第二职业。并且，这些中文学校坚持其对待法国教育部门的一贯的保守态度而处于某种封闭状态，使二者之间缺乏直接的沟通。实际上，法国的每个学区都定期对学区内的专职中小学汉语教师进行各种继续教育培训，如语言教学法、课堂管理、多媒体教学、高考改革等。这些培训或实习也向其他机构的汉语教师开放。很多中文学校的教师也希望能从中受益，但他们常常由于信息闭塞而无缘参与。只有建立了联系，信息传递才能快捷直接。现阶段的问题在于如何迈出第一步，加强双方的联系。

另外，汉语国际班拥有统一的教学大纲和雄厚的师资，而中文学校很多学生的语言背景跟汉语国际班学生的背景相同，因此前者的文学课及其所覆盖的文化内容值得中文学校借鉴。

7.3 教学质量监控

各个中文学校根据自己的教学进度组织考试。如果不达标，学生也会留级。但是每个学校有自己的测试方法和标准，需要检测的知识也因为学校不同而大相径庭。到目前为止，这些学校教学质量的好坏往往同汉语水平考试的成功率直接挂钩，借助学生汉语水平考试的成绩宣传自己的实力。但是，我们质疑的是，有没有针对这一特定学生群体更恰当的评估标准和评估方式？这个问题需要学校、教师和教育官方机构三方的交流和合作才能解决。

法国汉语双语教学的学科建设同其他国家相比处于相对成熟的阶段。融入到基础教育体系的汉语教学能得到各种形式的扶持和帮助，这更加强了法国在汉语教学领域的领军地位。但是，同其他形式汉语教学的发展历程一样，汉语双语教学现今正处在初露头角阶段，需要从教学理念和教学法方面加以引导，而汉语双语教学的理念和方法本身也正在构建之中。至于协会模式的汉语双语教学，其规模庞大，但是只有同官方教学机构加强沟通和交流才能真正赢得效率。

第三章　经济原则与汉语作为第二语言教学

第一节　泛论汉语教学中的经济原则

一、经济原则的内涵

“少即是多”“付出最少，得到最多”，这些表达都是“经济原则”的体现。在不同的语言中，我们都可以找到类似的表达。汉语中的一些惯用表达、谚语和成语就传达了这一意思，例如“事半功倍”（出自《孟子·公孙丑上》）、“一举两得”（出自《晋书·束皙传》）、“一箭双雕”（出自《北史·长孙晟传》）、“由浅入深”（出自《杜诗言志》）、“一石二鸟”（来自外国谚语 kill two birds with one stone）。此外，汉语中“少而精”的说法也是经济原则的表达。

英语的经济一词“economy”源自法语词“économie”，并可追溯到古希腊语“οἰκονομία”一词。该词包含两部分：oîkos（家庭、家政）和 nómos（规则、法则）。它们指的是家庭管理，即对家庭的组织、决策、监督和协调，以确保其在一种稳定的、持久的、有秩序的、正常的情况下运作。因此，“economy”一词原有含义是家庭资源的合理使用，之后才有了“收益”“节俭”这些延伸义。

经济原则源自于欧几里得（Euclid，330BC—275BC）关于光学的陈述，即光从镜子里折射的路径是最短的且用时最少。这是大自然中的经济原则。18 世纪，法国数学家和物理学家莫佩尔蒂（Maupertuis）在他的著作《最小作用量原理》（1744）中首次提出“最小作用量原理”，他认为对于所有的自然现象，作用量趋向于最小值。莫佩尔蒂又从宇宙论的观点来论述，最小作用量类似于精省资源的经济原理。

在管理领域，经济原则意味着用更少的人、更少的时间达到更有效的管理。卓别林的《摩登时代》可以说是体现经济原则的一个滑稽版本。美国的工业工程师吉尔布雷斯（Gilbreth）提出了一个动作经济学的原则，旨在通过减少多余的动作来达到劳动力的最优化。

在语言学领域，同样有一些关于经济原则的研究。法国的语言学家马蒂内·安德烈（André Martinet）提倡将经济原则和交际需求结合起来：一方面，说话者力求用最少的努力去达到交际效果；另一方面，交际中的语言准确性要求说话者做出更多的努力。这一冲突可能导致语言的不确切性。因此，语言学中的经济原则是基于布拉格学派以交际作为目标的功能主义之上而提出的。研究语用学的劳伦斯·霍恩（Laurence Horn）提出了基于听话人利益的数量原则和基于说话人利益的关系原则，而这两个原则互为条件，不可偏废。美国的语言学家齐夫（George Kingsley Zipf，被称为"Zipf 法则之父"）指出，"语言中的短词很明显地比长词更受人们的青睐"（George Kingsley Zipf，1949）。他从说话人和听话人的"经济"分析出发，指出只有两者之间达到平衡，才能实现真正的"经济"和"效率"。根据 Zipf 定律，在任何一个自然语言里，第 n 个最常用的单词的频率与 n 近似成反比。

经济原则成为了学术研究的对象，其实人们在生活中也无意识地遵循着这一原则。同样，在人类的语言使用中也存在着经济原则。汉语中存在的一些多音字即为著例。比如：

（1）他每次出差（chāi），差（chà）不多都要出点差（chā）错。

（2）天气暖和（huo），小和（Hé）在家和（huó）泥抹墙。他讲原则，是非面前，从不和（huò）稀泥，也不随声附和（hè）别人，更不会在麻将桌上高喊："我和（hú）了。"

除此之外，我们还常常在语言运用上使用缩写形式。我们用 OM 表示 Olympique de Marseille（马赛奥林匹克），用 UN 表示 United Nations（联合国）。我们也通过只使用汉语拼音的声母"hdxb"来输入汉语的四字成语"邯郸学步"。汉字的这种拼音缩写输入法，在某种程度上也是经济原则的应用。我们还可在网络语言中找到其他一些例子。比如，使用 7456（qī sì wǔ liù）表示"气死我了"；使用 3Q 表示"Thank you"（谢谢）。再如，由字符组成的图释也是经济原则在网络语言中的一种表现。

二、汉语教学论的性质

"didactique（教学论）从知识的内在逻辑出发探讨课堂教学法则，而 pédagogie（教学）则反之。"

Develay Michel, 1992

教学论强调知识的转化过程：从专业知识出发，将之转化为教师要教授的知识，进而转化为已教授的知识，再到学生获取的知识，最后到学生自己会运用的知识。（如图 3-1 所示）

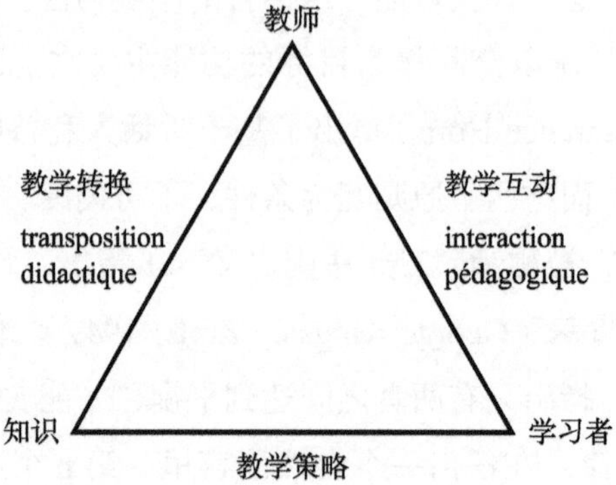

图 3-1　教师、学习者、知识之间的三角关系图（Houssaye J., 1988）

任何科目的教学进度设置都应考虑以最少的教学手段来达到最有效的知识学习。只有遵循经济原则，才能保证教学效率。譬如，数学课中教授小于 1 的分数，须先让学习者学习 1/2、1/4 等这些简单的分数，再接触 3/4、5/10 = 1/2 等这些更难一些的内容，然后才学习 1/3、1/5、1/7、3/5、4/7 等这些难度更大的分数。随着难度的不断升级，一步步将学习者带入更复杂的分数运算。又如，在法语时态教学中，须从日常生活中常用的时态入手，逐渐过渡到不常用的时态。

汉语教学也不例外，汉语教学中经济原则的贯彻必须将汉语的独特性纳入考量。首先，对西方学习者来说，汉语是远距型语言，即遥远陌生的词与文字系统①，是区别于母语文字的第二文字语言（second writing system language）。不同于作为形合语言的印欧语，汉语属于综合表意型语言。因而，学习者要在相对有限的时间内达到一定的语言能力水平会面临较多的困难。

其次，英语或法语只有词这一个基本单位，而汉语是既有字又有词的两个基本单位的语言。如何把握好字与词两者之间的关系以及如何对字和词这两个语言教学单位分别实施经济原则，是汉语教学必须面对的一个真正的挑战。假如不采用经济原则，那么对学习者而言，汉语的学习难度会大大增加。

① 目前，对于中国文字性质的定义，一直众说纷纭。有人主张汉字是表意文字，也有人主张是表音文字。在具体定性方面，历史上又有各种意见，主要有以下几类：象形文字；表意文字；音、形、意结合文字；语素文字；语素、语义文字；语素、音节文字；表词文字；图形记忆文字。还有人认为，中国文字是甲骨文时期的象形文字与周朝之后的音意文字二者的结合。在中国文字性质的定义问题上，还处于比较混乱的局面，其中不乏误解。

三、经济原则在汉语作为第二语言教学中的应用

如何在汉语作为第二语言教学中应用经济原则，值得深思。首先，经济原则意味着在交际中最常用到的汉字、词、语法点和文化知识需要最先教授，因此需要对这些内容进行选择并按重要性进行先后顺序排列。事实上，这是教学转化过程中的一个重要步骤。但主要的问题在于，最常见的字往往有别于构成最常见的词的汉字。因此，在同时教授字与词的情况下如何遵守经济原则是一个非常复杂的问题。语言学界的权威人物、世界汉语教学学会的前会长陆俭明先生也注意到了这一问题。他明确意识到字与词均为汉语中的基本单位，字与词的出现率和复现率都值得重视，并建议教师应当考虑如何同时进行字与词的教学。“各个年级的外国或外族学生应该掌握多少汉字？哪些汉字？各个汉字在教材中出现时，孰先孰后？复现率为几？递增率为几？”①

在具体的教学中坚持经济原则会非常有效地提高教学效率。比如，在教授数字的过程中，经验告诉我们，当数字和量词一起被教授时，如“一个、两个、三个、四个”，学生在使用数字时再次犯错的概率会大大降低。另一个例子是有关汉字笔画的。有些教师倾向于在教授初学者汉字笔画顺序的同时教授每一个笔画的名称。而事实上，我们的教学目标只是笔画顺序，笔画名称的教授只会使学习者在写字过程中分散注意力，由此加重他们的认知负担。

在语法教学中，经济原则首先意味着我们要有所选择并且简明扼要地教授这些语法点。首先，要教授简单的高频语法点。比如，我们可以从汉语中的名词入手。不同于法语，汉语中的名词没有性数变化，因而比较容易掌握。在讲解语法的过程中，要把握好每个语法点的主要使用特征，切勿追求“面面俱到”。其次，我们对语法的讲解应当是螺旋上升式的。教学中除了考虑由易到难的先后顺序之外，也需要考虑在学生学习某些语法点之后，何时并以何种方式重新激活这些知识。比如，在一节课开始的前几分钟，教师可以借助一些道具来灵活地组织一些对话练习，帮助学生“温故而知新”。第三，在举例中，要严格避免使用新的字或词，以便学生可以专注于语法学习。比如，教授量词“张”时，如果使用“一张磁盘”作为例子，那么很可能因为“磁盘”是新词，学生的注意力就会分散，学习效果必然会受到影响。而如果我们使用学生已学过的常用的字与词来进行举例说明，比如“一张纸”“一张桌子”，这一方法更加经济，因而教学效果会明显提高。

① 陆俭明，1999. 关于开展对外汉语教学基础研究之管见 [J]. 语言文字应用（4）.

在外语教学中，区分“主动”(active）知识（可以主动输出的知识）和“被动”(passive）知识（只是理解、不能主动输出的知识）是十分有效的。主动知识一般是指说和写的能力，而被动知识则指听和读的能力。事实上，主动知识和被动知识的区别不仅仅存在于外语学习中，也存在于母语使用过程中。日常生活里，我们不时会遇到这样一种情况：有些了然于心的表达却被我们一时忘记，无论如何都无法直接输出，可一旦我们读到或者听到这个表达，却会毫不费力地唤起回忆并很好地理解。母语使用尚且如此，外语学习更是如此。因而，在语法教学中，我们需要确认哪些语法点作为被动知识学习，哪些作为主动知识学习。为了进一步说明，我们举句法结构运用中的“把”字句作为例子。作为一个被动语法点，初学者可以比较容易地理解它的用法，可是若将之作为一个主动语法点，则对学习者来说会比较困难。即便是汉语专业三年级的学生也难以做到自然输出一个“把”字句。因此，区分作为主动知识的语法和作为被动知识的语法就显得非常有必要了。如果是一年级的学生，“把”字句这一语法就应该作为被动知识来学习，等他们开始逐渐熟悉这一用法后，再将之作为主动知识学习。这一主动与被动之分作为“教学过滤”反映了经济效应，有利于保证教学效率。

文化教学也应经过由被动知识逐渐转化为主动知识的过程。在实际的文化教学中，我们往往没有区别被动知识与主动知识，而这恰恰违反了经济原则，认知负担也就加重了。文化教学的经济原则还意味着，我们在介绍核心文化知识时，不仅需要综合其最突出的特征，而且还需要按照重要性来安排各个特征之先后顺序。譬如，我们要向法国学生介绍中国的书法，那么我们应该介绍书法的3—4个主要特征并按优先次序讲解。这就要求我们有从具体的事实中进行概括归纳的能力。而这一能力在中国教师中似乎普遍较为薄弱，因而难以避免地会对文化教学的效果产生不利影响。关于这一点，在本书其他章节已有提及，此处不再赘述。

接下来，需要澄清使用何种语言来教授汉语这一问题。遵循经济原则意味着要减轻认知负担。为贯彻经济原则，在非交际活动（如讲解语法点、介绍文化知识和包含笔画或汉字构成在内的汉字知识等）中，我们建议使用学习者的母语来教授。尤其是考虑到我们的很多学生都是初学者这一事实，使用他们的母语来教授语法、汉字知识、文化知识等能帮助他们更好地专注于他们的学习目的。经济原则不仅仅体现在具体的教学内容上，同时也体现在具体的教学手段上。比如，在讲述中国春节这一习俗文化时，教师是使用一段介绍春节的视频文件，还是借助图像幻灯片？再或者是一些打印文件？而决定选取何种教学手段的基本原则应该是：根据学生的汉语水平，在有限的时间内有效地向学生传递相关信息，从而达到“事半功倍”。此外，课堂管理也应当遵守经济原则。遇到问题，课堂教学专家建议首先尝试用简单的肢体语言来解决问题。若不奏效，需进一步考虑言语上的努力。在言语的使用上也要考虑经济原则，即先尝试使用最简单的词语来管理课堂，若无效才考虑进一步使用句子来进行管理。此外，选择学生母语还是目标语进行管理也是应用经济原则需要考虑的问题。

总的来讲，在教学过程中，汉语教师若期望有效达到教学目标，则务必在教学的方方面面遵循经济原则。

第二节　汉语教学的根本选择：一元论抑或二元论

一、以识字为基础的中国传统语文教学

以识字为汉语学习的基础并设定汉字门槛，其实正是中国传统语文教学的古老传统。中国古代语文启蒙教材《千字文》《百家姓》《三字经》和《文字蒙求》都是早期的识字教材。其中，中国南朝梁周兴嗣所作的《千字文》这篇长韵文，是中国传统启蒙教育的一部主要教材。从对外汉语教学的视角来看，《千字文》由一千个不重复的汉字组成，是应用经济原则的最好说明，也是一种非常有效的严格意义上的学习策略。从现代教学论的立场观察，学习《千字文》是一个能够有效地促进获得、存储、运用信息的过程。

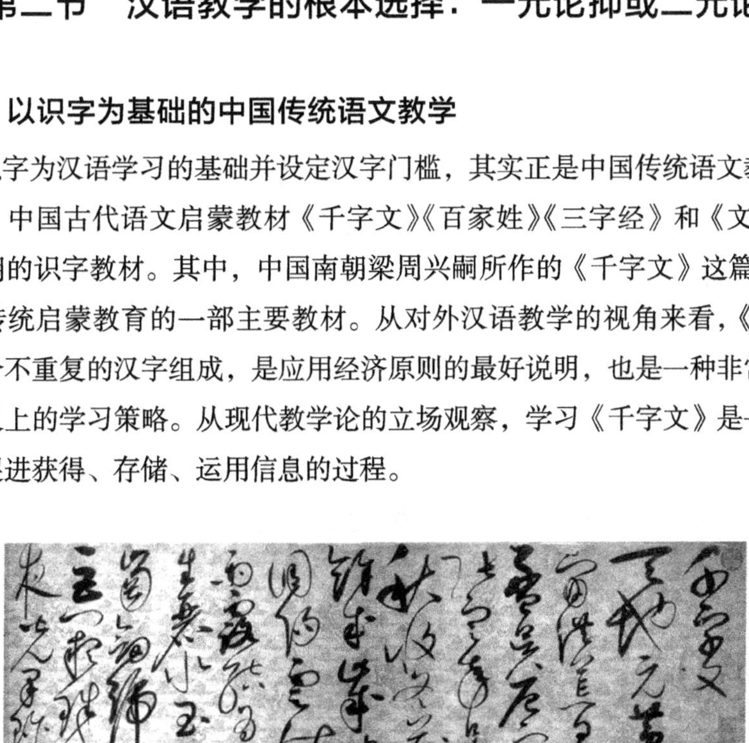

图 3-2　宋徽宗《草书千字文》截图

另一位在中国对汉字门槛设定有重大贡献的人物是洪深（1894—1955）。他曾就读于法国人在上海创办的教会学校徐汇公学。他是一位戏剧家，也是中国现代话剧和电影的奠基人和开拓者之一。特别值得一提的是，洪深先生曾深入参与了中国在20世纪初开始的识字运动。中国最早的识字字表是洪深编著的。他没有高估最常见汉字的数量："这张识字表由1100个基本汉字组成。"洪深主张利用这些字来"表达一切的心情和事实"。实际上，他的目的是将书写的汉字限定在这个范围内。他所选择的"基本汉字"是根据字义而非字频来确定的：每组近义字中，根据表达的需要，选择最具代表性的一个字。洪深主张，写作中若遇到基本字以外的字，就换一种说法。例如，基本字中有"土"而无"泥"，如果需要用"泥"，就换成"湿土"。同样，基本字有"地"而无"田"，那么"种田"需要改作"种地"。又如，基本字中也没有"媳"字，那么"儿媳"应当改为"儿子的老婆"。他所选的1100个基本汉字，都是汉语中最常用的字，覆盖率可达90%以上，这是他的一大贡献。尽管洪深的观点有待进一步讨论，但是他的出发点正是经济原则。

第三个值得我们注意的人物是安子介（1912—2000）。他是香港著名的实业家和社会活动家。安子介并非一位语言专家，然而他在汉字量化方面却做出了可谓高质量的工作。1991年，安子介以繁简体出版了《安子介现代千字文》的启蒙篇、书写篇。安子介的想法源自周兴嗣和他的《千字文》，他的贡献在于将最常用的汉字放在不超过30个句子的语篇中。当然，这个语篇中的所有汉字都需要记忆，但是记住这些汉字就意味着学习者能够理解一般语篇的基本意思。

此外，中国20世纪50年代开展的扫盲运动也非常重视汉字的学习问题。扫盲的标准之一是汉字字数的掌握，一度在农村以1000个汉字作为门槛，城市以1500个汉字作为门槛。有意思的是，对于汉语作为第二语言的学生来说，进入汉语初级水平的学习以后，在交际能力方面可以比较快地达到一定的水平，但是在认读方面却还一直处在"文盲"阶段。也就是说，不能自主地阅读比较简单的读物，如报纸上的日常内容。这是汉语的一个特殊性。如果遵守经济原则，依据汉字频率，设置由那些大致理解一篇有关日常话题的文章或作品所需的高频词所组成的最低汉字门槛，那么我们的教学效果显然会大大提高，也就能早日实现"自主阅读"，从而脱离"文盲"状态。

二、中国对外汉语教学一元论——"词本位"教学法

1898年《马氏文通》的诞生，标志着中国有了第一部系统性的汉语语法著

作，在中国语言学界产生了巨大的影响。然而，由于其语法框架是模仿西方语法而建立起来的，词类就理所当然地成为了全书的重心，《马氏文通》因此而成为了根据西方语法规则建立起来的汉语“词本位”语法体系。

20世纪初，汉字在中国被妖魔化。当时不少学者、思想家，其中包括谭嗣同、鲁迅、瞿秋白、陈独秀等人把中国落后的责任归咎于汉字，对汉字产生了一种强烈的自卑情绪，将之视为一种文化上的负担。鲁迅就曾控诉道：“方块汉字真是愚民政策的利器”“汉字也是中国劳苦大众身上的一个结核，病菌都潜伏在里面，倘不首先除去它，结果只有自己死。”① 瞿秋白也坚决主张废除汉字，提出：“中国的言语要充分的（地）发展下去，要成为现代的，能够适应广大群众的新的文化生活，就必须完完全全废除汉字。”② 于是，在这样一股激烈的反抗汉字的浪潮中，人们开始以西方语言以及西方语言教学为模仿对象和参照点，忽视汉语的固有特征。

这种以西方语言为参照系的、“词本位”的汉语语法体系也对中国的对外汉语教学界产生了重大的影响。我们发现，大约从20世纪中叶开始，对外汉语教学中，汉字以及汉字的字形、字意、语素凸显、组合规律被完全忽视，在中国出版的大部分教材隐含了汉字并不是语言教学单位这一观念。长期以来，“词”在对外汉语教学中被视为唯一的基本教学单位，而“字”却被冷落甚至被根本忽视。然而，在我们看来，这一做法抹杀了汉语的特性，忽略了要传递的基本知识，也违背了教学法上的经济原则。正如朱德熙先生所言，“把印欧语所有而为汉语所无的东西强加给汉语”③。

印欧语是形合语言，形态变化丰富，词类的划分也主要是依靠形态标志；而汉语属于综合表意型语言，具有形散意合的特点，它缺乏形态变化，词类不好划分。因此，适用于印欧语的规则并不适用于汉语。汉语强调的是对语义的分析。再从语言与文字的关系来看，“词本位”坚守的是索绪尔的著名论断：“语言和文字是两种不同的符号系统，后者唯一的存在理由是在于表现前者。”④ 然而，汉语与汉字的关系却并非如此。柳诒徵在其所著《中国文化史》中指出，在地广人众

① 鲁迅，1937. 关于新文字[M]. 且介亭杂文. 上海：上海三闲书屋.
② 瞿秋白，1989. 普通中国话的字眼的研究[M]. 瞿秋白文集（文学编 第三卷）. 北京：人民文学出版社.
③ 朱德熙，1985. 语法答问[M]. 北京：商务印书馆.
④ 费尔迪南·德·索绪尔，1980. 普通语言学教程[M]. 高名凯，译. 北京：商务印书馆.

的国家里，语言难以整齐划一，而中国文字的特点就在于，“虽极东西南朔之异音，仍可按形而知义”[①]。法国的汪德迈先生指出，中国文字是独特的语言文字，具有特殊的伟大的文化意义。从中国文字的发展历程来看，中国古代的图形文字经历了大约五百年，只限于占卜者使用。后来，由占卜者所发明的文字体系发展成为了官方文书的工具，文字根据“六书”方法得到了系统的改进。他们首先出现在铜祭器上，之后出现在所有用来作档案保存的行政文件上。“占卜者所发明的文字体系就如此演变成为文言文。”[②] 汪德迈先生的这一解释也从汉字的源头上否认了索绪尔“文字唯一的存在理由是在于表现语言”这一观点。

中国对外汉语教学中的“词本位”理论，即汉语教学一元论实际上是采用英语教学法来教汉语的结果。这种教学法是否适宜，须视教学效果而定。在吕必松先生看来，从 20 世纪 50 年代初直到现在的对外汉语教学的质量和效果都不太令人满意[③]。尽管今天学汉语的人越来越多，但是汉语依然被视为世界上最难学的语言之一。之所以出现这种情况，我们认为这与缺乏换位思考、套用“词本位”教学法有着直接关系。首先，绝大多数遵循“词本位”理论编写的汉语教材往往将一个双音节或多音节词作为一个整体处理。以 1982 年出版的中国主流教材《简明汉语课本》[④] 里边的一张词汇表中的“工程师”一词（见图 3-3）为例，该教材对“工”“程”“师”这三个表意单位不进行释义，也没有解释为何如此组合。此外，对每个字的笔画、笔顺、部首、偏旁均不提供任何信息。这一路子反映了人们对汉语的一种认识，会使学习者产生种种认知和记忆障碍。

17.都	（副）	dōu	all
18.大家	（代）	dàjiā	everyone, all
19.同学	（名）	tóngxué	classmate, school
20.们	（尾）	men	*plural suffix*
21.努力	（形）	nǔlì	hard
22.咱们	（代）	zánmen	we, us(inclusive)
23.互相	（副）	hùxiāng	each other
24.帮助	（动）	bāngzhu	help
25.工程师	（名）	gōngchéngshī	engineer
26.这	（代）	zhè	this
27.那	（代）	nà	that

图 3-3 《简明汉语课本》截图

① 柳诒徵，2010. 中国文化史 [M]. 长沙：岳麓书社 .

② 汪德迈，2011. 从文字的创造到《易经》系统的形成：中国原始文化特有的占卜学 [J]. 儒家典籍与思想研究（1）.

③ 吕必松 . 我为什么赞成“字本位”汉语观——兼论组合汉语教学法 [EB/OL].（2011-09-26）[2016-08-12]. http://blog.sina.com.cn/s/blog_5bbada9d0100xl5r.html.

④ 赵贤州，等，1982. 简明汉语课本 [M]. 上海：上海外语教育出版社 .

这种处理方式完全使汉字成为词的附属品，汉语教师不能充分利用汉字的频率进行教学并把识字与阅读相结合，由此导致了学生学习的集中度降低，实际教学效率低下，严重违背了经济原则。其次，“词本位”教学法也不利于发展学生扩词、猜词的能力，不能通过学习一个词而举一反三，由此及彼。最后，在“词本位”教学法下，学习者不容易以部首对汉字进行归类，把汉字拆分为不同的部件。这样一来，汉字当然会成为“难学难写”的文字。

三、“字本位”之缘起

从语言学的角度来说，汉语“字本位”理论是由中国学者首创的，旨在克服汉语研究中的“印欧语眼光”，解决由此产生的一系列问题的学说。它把“字”作为汉语的基本单位，认为“字”是汉语中语音、语义、词汇、句法等各平面的交汇点。[①]“字本位”这个概念最早见于郭绍虞写于 1938 年的《中国语词之弹性作用》一文，以“字本位的书面语”与“词本位的口头语”相对。[②]从 20 世纪 90 年代以来，徐通锵、潘文国等学者致力于这方面的研究，使得其理论著述渐趋丰富，也引起了学界的一定关注，尤其是在对外汉语教学界产生了深远影响。“字本位”的“本位”主要是指语言的基本结构单位。它的对立面是“词本位”，即在采用“印欧语眼光”研究汉语的视野之下，以“词”作为汉语的基本结构单位。

在法国，“字本位”教学在汉语作为第二语言教学学科化过程中早已开展。可以说，徐通锵创立的“字本位”本体理论与对外汉语教学论的“字本位”，是在互不知情的情况下同时独立发展起来的。但是，2000 年后，随着“字本位”理论开始在汉语教学界产生一定影响，两者在根本原理、方法论原则上的相对一致性使它们互相促进。[③]尽管如此，两者的基本关注点并不一致。前者以语言学为参照范围，后者以汉语学科教学论为参照范围。另外，前者可归结于语言学一元论（即“字”为汉语的基本结构单位），后者可归结于教学二元论（即承认“字”与“词”为需要单独处理的语言教学单位）。

值得澄清的是，汉语教学中的“字本位”有“绝对字本位”与“相对字本位”之分。“绝对字本位”的代表人物是巴黎第七大学前中文系教授李先科（Nicolas Lyssenko）。该教学法主张从字形出发，由独体字产生合体字。单字与

① 王骏，2009. 字本位与对外汉语教学 [M]. 上海：上海交通大学出版社 .
② 徐通锵，2008. 汉语字本位语法导论 [M]. 济南：山东教育出版社 .
③ 王骏，2009. 字本位与对外汉语教学 [M]. 上海：上海交通大学出版社 .

语法是组词造句的绝对推动力，由此实际的交际功能则完全被忽视。1986 年由李先科主编的初级汉语教材《现代汉语程序教材》第一册[①]采用的就是这一方法。譬如，该教材第一单元的四篇课文完全不涉及任何实际的交际内容。第一课与第二课每课仅介绍 15 个可作为汉字偏旁的独体字，如“人”“火”“马”等；第三课与第四课也同样先介绍 15 个独体字，然后由这些字与之前两课所学的字进行组词，例如第三课开始学“力”字，在词汇表中就出现了“人力”“火力”“马力”等。这一做法完全忽略了学习语言的实际交际目的，因此学习者先接触“鲸鱼”“鲨鱼”等词，要过很长一段时间才能学到诸如“谢谢”等日常生活中的高频词。因为过分强调由字形来生成新字，在该教材第一册中出现了一些没有任何实际使用价值的字，如第二单元第五课出现了诸如“彳”“亍”之类的低频字，目的是为“行”字的出现做准备。由此可见，“绝对字本位”是一种文字的单向教学。

不同于“绝对字本位”，“相对字本位”[②]是指笔者于 20 世纪 80 年代在法国提出并逐步系统发展的适合汉语初级学习者的汉语教学理论，是法国现代汉语教学中的主流教学法。这一教学法既注重字作为教学单位也注重交际，在高频字控制词的基础上注重交际。笔者也主编了一系列坚持“相对字本位”教学的教材：《汉语语言文字启蒙》《说词解字》《通用汉语》《滚雪球学汉语》《汉字的表意王国》。

四、重视汉字教学的法国汉语教学

19 世纪初中期，法国的高等学院和专门语言学校开始开展汉语教学。我们不难发现，在这一时期出现的教材里，汉字教学在汉语教学中有着举足轻重的地位。

王若江教授曾专门研究过 19 世纪初中期法国的汉语教材。[③]首先是雷慕沙编写的《汉文启蒙》。该教材反对套用西方语法结构，因此不谈动词变位，也不谈性、数、格，而以一种讲究科学逻辑的方法来总结汉语语法，并从学术角度讲解汉字，强调中国文字之特性。该书体例是将汉语语言文字知识分成一个一个小条目，排上序号，依次讲解文字知识。以“字”为单位，逐字注音释义，从字义过渡到词义。这部教材还涉及汉字六书、汉字发展、异体字、古今字、214 个部首、

① Lyssenko, N. & D. Weulersse. 1986. Méthode programmée du chinois moderne[M]. 1-4 – Cours. Paris: Lyssenko.

② 为了避免“字本位”引起的“只注重汉字”的误解，从语言教学角度出发，笔者主张“汉语教学二元论”这种提法，即在语言教学中存在两个基本教学单位：口语中以词为单位；书面语中以字为单位，由字带词。

③ 王若江，2005. 法国十九世纪初中期汉语教材分析 [J]. 国际汉语教学动态与研究（4）.

659 个声旁。[①]

第二本著名的教材是雷慕沙的得意门生儒莲编著的《三字经》。这部拉丁文版《三字经》最突出的特点就是对每个汉字进行了解析，区分部首与笔画。正如王若江教授所说："这是强化汉字概念的做法，使学习者入门伊始就认识到方块字是可以用部首和笔画进行拆分组合的。"[②]

第三本著名的教材则是哥士耆（Kleczkowski）编写的《中文教科书》。作者在汉字方面也颇下功夫，在书中介绍了楷书的"永字八法"并附 214 个部首，重视汉字识字规律，坚持循序渐进、由简到繁的识字原则。

这些教科书反映了法国汉语教学对汉字教学的重视由来已久。

最后，不得不提的一个重要人物是美国的汉学家、语言学家德范克（John DeFrancis）。虽然他编写的中文教材一直没有法文版，但对法国现代"字本位"教学却有着一定的影响。20 世纪六七十年代，耶鲁大学出版社出版了德范克编写的一套 12 册包含初、中、高级的汉语教材。这套汉语教材中的初级汉字本的每篇课文对生词的解释都是从字到词，即先从解释单字字义入手，再解释由这些字组成的相应的词。这套被称为"DeFrancis 系列"的课本成为了当时美国从事中国研究的学者的主要教材，也是当时美国汉语课堂上最广泛使用的教材。

五、法国现代汉语教学二元论——"相对字本位"教学法

笔者在法国巴黎第七大学及法国国立东方语言文化学院的中文系授课期间，都曾开设过为期一年的专门的汉字课。值得注意的是，这门课不仅面向中文系的学生，也面向日语系、韩语系的学生。这一课程设置的成功正是《孙子兵法》中"集中兵力"原则的体现，同时也恰恰说明了汉字作为一个独特的教学单位存在的必要性与合理性。

法国现代汉语教学二元论，即"相对字本位"教学法主要针对初级汉语教学，在注重语言交际的同时，尊重汉语的特性，注意将汉语与印欧语言区分开来，承认汉语教学中有"字"与"词"两个基本单位。作为教学的一个独特的单位，汉字的核心意思和它的结构、发音一样，都是汉语教学的出发点。将汉字作为基本教学单位，在初级阶段以高频字控制词的出现，给每个字（语素）释义，以便体现出汉语这一语素凸显的特征，从而培养和加强学习者的独立阅读理

① 史亿莎，2012. 试论白乐桑的"法式字本位"教学法 [D]. 南京：南京大学硕士学位论文 .
② 王若江，2005. 法国十九世纪初中期汉语教材分析 [J]. 国际汉语教学动态与研究（4）.

解能力，而这正是中高级水平学习者的主要学习目标。在汉字教学中，经济原则意味着在编写教材时选择汉字的首要标准是汉字的频率与构词能力。这就要求我们在汉语教学中规定学习者必须掌握的汉字，即设定汉字门槛。考虑到汉语作为第二文字语言[①]教学的特殊性，我们需要在汉字频率的基础上量化汉字，并进行分级，同时根据学习者的水平区别主动字（既要求认读也要求书写的字）和被动字（只要求认读的字）。概括来说，法国的"相对字本位"教学法包括以下几项内容：

第一，它首先强调按照字频和字的构词能力选字，并在此基础上层层构词，选字在先，构词在后。在词的基础上，再组合成句子、语篇。

第二，汉语是表意型语言，因此在讲解汉字时，注重分析汉字的笔画、笔顺、字源、部首，以及拆分部件并为部件命名。这一做法符合人的认知和记忆规律，可以帮助学生记忆并增加其学习兴趣；汉字因为与西方字母文字截然不同，因此常常成为一部分汉语学习者学习汉字的一个巨大动力。

第三，以已学过的字组成的词语编出"滚雪球短文"，以便保证字的复现率。

第四，制定了与"欧洲框架"对等的汉字门槛与汉语词汇门槛，并进一步区分主动汉字与被动汉字、主动词汇与被动词汇。

最后，扩大汉字学习的功能，通过汉字来讲授中国文化；同时，汉字学习也有利于学习者视觉记忆力的开发。

在法国，现代"相对字本位"教学传统的形成可以追溯到1985年制定的第一个基础汉字表——"四百常用汉字表"。这个汉字表的制定反映了在中国政府实施改革开放的政策之后汉语教学在法国的快速发展。如今，开设汉语课程的法国中学数量已经从1958年的一所（蒙日隆中学）发展到2016年的663所。"四百常用汉字表"是根据汉字在书面语和口语中的频率、汉字的构词能力以及文化和汉字字形方面的考量而设定的。与此同时，语感也是进行再选择的依据。因为假如我们盲目相信词典，就会导致忽略掉一些重要的汉字。比如"饿"，这个字不在400个最高频字之内，而在1000字之后。而事实上，这个汉字结构简单，学生也喜欢写这个字，所以我们就将这个字纳入"四百常用汉字表"。

我们认为，区别字与词是汉语教学运用经济原则的前提条件。而设定汉字门

① 第二文字语言指的是文字体系与母语文字不同的第二语言。

槛是避免分散的汉字学习的捷径，称得上是汉语教学中运用经济原则的最好诠释。教授非字母语言，设定汉字门槛是非常有效的。所有选定的汉字都是基于它们本身，而非基于词。在前述“四百常用汉字表”发布之后，又以法国教育部的名义分别于 2002 年、2008 年相继发布了适用于法国中学汉语教学课程的五个其他的汉字表。同时，我们也给出这些汉字的相关例词。

在中学汉语课程里，我们从 2002 年开始就明确区分主动知识和被动知识，包括主动汉字与被动汉字、主动词汇与被动词汇、主动语法与被动语法、主动文化点与被动文化点。这也是第一次在官方正式文件里明确区分主动字（运用）和被动字（理解）。这些区分是和教学中的螺旋式上升过程相适应的。随着电脑的普及、汉语拼音输入法的使用，汉语教学进入了全然一新的时代。区别主动书写字与被动认读字，使汉字学习所需的记忆包袱大大减轻，同时也为提高书面表达能力提供了更大的空间。如此一来，学生在低频汉字学习上花费的时间减少了，从而可以把更多的时间与精力放在比较重要的基础汉字学习或其他汉语技能（如发音、口语表达等）上。

在法国使用的官方发布的汉字门槛[①]如下：

汉语作为第一外语：805 字门槛，其中包括 505 个主动字

汉语作为第二外语：505 字门槛，其中包括 355 个主动字

汉语作为第三外语：405 字门槛，其中包括 255 个主动字

中文国际班：1555 字门槛

104 个高频汉字偏旁门槛

我们之所以为汉字偏旁也设定了门槛，是因为偏旁是汉字的一个记忆单位，因此从偏旁入手帮助学生记忆汉字是符合记忆规律的。在必要时，我们还需引用含有学生已知偏旁部首的相关字（字族）来加强其对汉字字形的记忆。诚然，汉字教学并非单纯地在黑板上或课本上展示一组合词之形音义，并非学生在作业本上抄下所学汉字便可完成习得目的。事实上，记忆是需要工具辅助的。在进行偏旁教学时，我们还需要用学生的母语对偏旁进行命名。譬如，夕（crépuscule）、卜（divination）、讠（parole）、车（char）、口（bouche）。

在很长一段时间内，中国的对外汉语教学专家都主张最常用的汉字大约为 3000 个。而事实上，这是针对汉语母语者而言的。忽略汉字的门槛设定很可能

① 即高中会考汉字教学目标。

是因为在中国的对外汉语教学中，长期以来是以“词”作为教学单位的，而非以“字”作为基本的教学单位。这就导致了长期以来的“语”“文”分离。然而，在与笔者交谈过的专家中，曾参加过中国扫盲运动的张田若先生则认为最常用的汉字应该是1200—1300字之间，比笔者预估的1400—1500字要略微少一些。这些汉字都是使用频率最高、构词能力最强的字。在此基础上，我们可以实验性地将阅读的汉字门槛设定为1500字。这意味着在法国主修汉语的国际班学生可以在他们毕业之前就达到自主阅读的水平。

六、法国汉语教学二元论——“相对字本位”下的字词关系

随着语言的发展变化，汉字定量在汉语教学中变得越来越重要。2008年中国教育部和国家语委发布的《中国语言生活状况报告》显示，在2005年、2006年、2007年，覆盖率达到80%的字种数分别是581、591、595，覆盖率达到90%的字种数分别是934、958、964，覆盖率达到99%的字种数分别是2314、2377、2394。

在对外汉语教学中，将汉字定量并根据不同水平分等级反映了螺旋式上升的教学理念。然而，我们需要进一步澄清的问题是：定量工作是否还需要考虑词频？假如回答是肯定的，经济原则可能会受到威胁，因为构成高频词的字不一定是高频字，譬如“咖啡”。对于这个问题的一个解决办法是在实际教学中，我们进行“语”“文”分步走。也就是说，先教“咖啡”的拼音，后教汉字。另一个解决办法是在注重日常语言行为的同时，也关注字的复现率、字频与字的构词能力相结合。在释词中，将字的重复与词的释义结合起来。这是指，运用有限的、已学过的字来解释新词，进一步说，是用不同级别中最小数量的汉字来解释新词。通过重新利用已经学习过的字与词的知识来理解新词，于是已学的字与词由于被重复而更便于记忆。由此，学习者的记忆负担大大减轻，可以使学习效率得到很大的提高，在一定程度上帮助学习者培养出自行猜测推导词义的能力。这种练习有利于培养学生用目的语思维的能力，以激发他们的成就感和自信心。

以下是一些解释新词的例子：

作家（writer）

1）写小说的人。（people who write novels）

2）从事文学活动，比如写小说等十分出色的人。（remarkable person who is engaged in literary activities, such as writing fiction）

3）从事文学创作并有成就的人。（successful person who is engaged in literary creation）

由上可见，我们对同一个词语采用阶梯式分级解释：

第一级别：用最高频的 200 个字说明词语的基本意思。

第二级别：选用频率表中前 400 个汉字（包括前 200 个字）中的字来解释新词更丰富的意义并涉及大部分语法功能。

第三级别：使用频率表中前 900 个汉字中的字来解释新词的扩展意义，表明学习者可以在生活中自由轻松地表达他们的想法。

笔者在汉字教学上也尝试利用不同级别的有限的高频字来编写很多段短文，以达到汉字学习上“滚雪球”的效果。具体来说，就是利用回收原则，尽可能使用学生已经学过的字来编写小短文。这也是笔者 1989 年编写的《汉语语言文字启蒙》一书的思路：该教材的所有文字都是“四百常用汉字表”中选出来的；每三篇课文后，都会有一篇“滚雪球”文章。该篇文章会重复使用学生已学的字，加强字的复现。新的词汇是在已学的高频字的基础上形成的，也就是说，学生可以根据已学的字猜到新词的意义。而这正是真正意义上的阅读理解。

以下是笔者用“四百常用汉字表”中的 198 个最高频字编写的一篇“滚雪球”短文：

亲爱的文平：

你好！好久没有收到你的信了。你最近怎么样？身体好吗？我现在天天在想你。你想我吗？你快把我忘了吧？为什么不给我来信呢？难道是生病了吗？三年以前，我认识你的时候，你很年轻，刚刚出国回来。我在校园门口问了你一些信息学方面的问题，因为我听过你的课。虽然你讲课的时候有点儿黑龙江口音，可是我觉得你讲得很有水平，很认真。那天，你开始跟我说话的时候还有点儿不好意思呢。当然，过了一会儿就自然多了。后来，是你主动找了我几次。一次是给我讲电脑。当时，我觉得你的脑子就跟电脑一样。一次是给我讲成语。你讲的两个成语是“一心一意”和“三心二意”。你说做事要一心一意，不能三心二意。不知怎的，现在我一听到这两个成语，就想起你。一次是讲李白，你说你最喜欢李白。还有一次是你给我唱民歌。你唱的民歌真动人，真好听。看来，你还是一个歌唱家呢。从那以后，我就爱上了你。真的，当时我时刻想跟你在一起，坐在你身旁，听你讲知心话。最让我难忘的是前年秋天。有一天，我们一起去看一个外国动画片。回来的时候，下雨了。我忘了带雨衣，着凉了。你跟我一起去医院看病，去药房买药。我没有带钱包，是你拿钱买的药。我生病的那几天，你天天骑自行车来看我。有时在我这儿吃点儿便饭，很晚才回家。当时，我真有点儿心疼你。去年新年的时候，我收到了你的明信片和一张唱片。明信片上写着："给我的意中人。"看到这几个字，我高兴得不知怎么好。

亲爱的，我们在机场分手的时候，你说："我是讲信用的，你一定等着我。我得了学位，就马上回来。"我没忘你的话。我在等你，时刻在等着你，等着你早一天回来。

祝你万事如意！

你的心上人　园园

一九八九年九月三日　北大

通过这一示例，我们可以更清晰地了解到"滚雪球"的教学策略：在严格控制字数的基础上挑选高频词；坚持经济原则在教学中的运用；尊重汉语的内在逻辑。其目标是，在激发学习者被动理解能力的同时，培养他们的主动表达能力。学习者只需掌握有限的汉字便能理解尽可能多的文章，并用有限的字编写无限多的文章。这对学习者而言，无疑是一个巨大的信心鼓舞。"滚雪球"的学习策略是法式"字本位"的集中体现。它不仅充分彰显了由字扩词再组句成章的理念，也能够有效地帮助学生将其被动词汇升级为主动词汇。

汉字量化与词频之间的关系可以通过统计学的分析得到科学的说明。以下统计数据可供参考：

第一个统计数据是使用高频字作为人名和没有使用高频字作为人名的一个比较测试。通过笪骏的"现代汉语单字频率列表"，笔者计算了自己的教材中使用的汉字人名的频率以及其他教材中的汉字人名频率，并做了比较。

以下是在不同教材中使用的一些人名：

（1）帕兰卡、古波（《实用汉语课本》，北京，1981）

（2）琼斯、王萍（《简明汉语课本》，上海，1985）（见图 3-4）

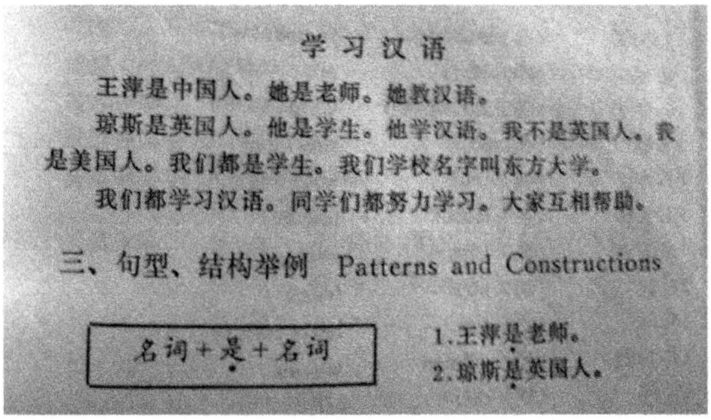

学习汉语

王萍是中国人。她是老师。她教汉语。

琼斯是英国人。他是学生。他学汉语。我不是英国人。我是美国人。我们都是学生。我们学校名字叫东方大学。

我们都学习汉语。同学们都努力学习。大家互相帮助。

三、句型、结构举例 Patterns and Constructions

名词＋是＋名词

1.王萍是老师。

2.琼斯是英国人。

图 3-4 《简明汉语课本》截图

（3）行彳亍、木爿片、皮及殳、甲田曰（《现代汉语程序教材》*Méthode programmée du chinois moderne*, Lyssenko, N. & D. Weulersse, 1986）（见图 3-5）

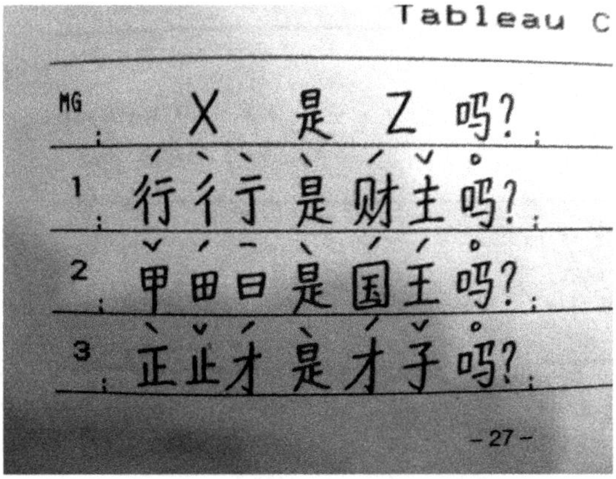

Tableau C

MG X 是 Z 吗?

1 行彳亍是财主吗?

2 甲田曰是国王吗?

3 正止才是才子吗?

-27-

图 3-5 《现代汉语程序教材》截图

（4）王月文、田立阳、关放活（《汉语语言文字启蒙》*Méthode d'Initiation à la langue et à l'écriture chinoises*, Joël Bellassen, 1989）（见图 3-6）

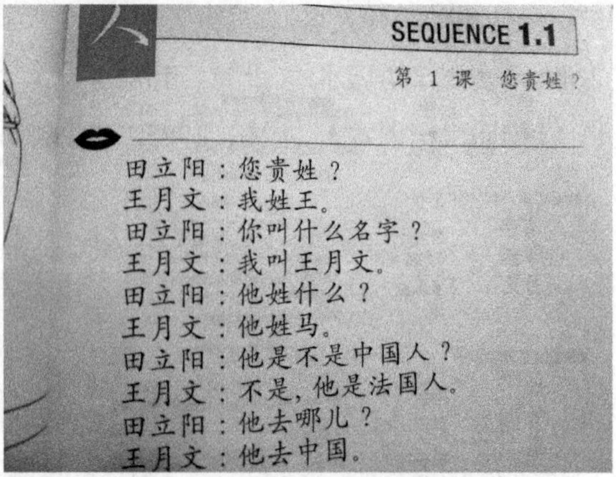
SEQUENCE 1.1
第 1 课　您贵姓？

田立阳：您贵姓？
王月文：我姓王。
田立阳：你叫什么名字？
王月文：我叫王月文。
田立阳：他姓什么？
王月文：他姓马。
田立阳：他是不是中国人？
王月文：不是，他是法国人。
田立阳：他去哪儿？
王月文：他去中国。

图 3-6 《汉语语言文字启蒙》截图

表 3-1 是统计结果：

表 3-1　相关教材中使用高频字作为人名的情况统计表

人名例子	汉字频率	汉字覆盖率
琼斯 （赵贤州等，《简明汉语课本》）	11870 + 252553 = 264423	0.0456 + 0.0975 = 0.1431
行彳亍 木爿片 （Lyssenko, N. & D. Weulersse,《现代汉语程序教材》*Méthode programmée du chinois moderne*）	693612 + 0 + 0 = 633612 79917 + 0 + 97994 = 177911	0.2679 + 0 + 0 = 0.2679 0.0308 + 0 + 0.0378 = 0.0686
王月文 王里重 关放活 （Joël Bellassen,《汉语语言文字启蒙》, *Méthode d'Initiation à la langue et à l'écriture chinoises*）	379946 + 419841 + 392026 = 1191813 379946 + 703578 + 336945 = 1420469 338479 + 181974 + 201464 = 721917	0.1467 + 0.1631 + 0.1518 = 0.4616 0.1467 + 1.2710 + 0.1302 = 1.5479 1.2718 + 0.0703 + 0.0778 = 1.4199

第二个统计数据涉及《汉语语言文字启蒙》教材中使用的饮料名称。“可乐”一词用汉字和拼音标出，“咖啡”“雪碧”用拼音标出。根据笪骏的“汉字单字字

频总表”,“可乐”“咖啡”“雪碧”的排位如下:“可乐”的“可”字列在30位,“乐”字列在619位。所以，这两个字属于高频字，教师既需要教授拼音，也需要教授汉字。而“咖啡”的“咖”字列在2379位,“啡”字列在2326位。“雪碧”的“雪”字列在1003位，“碧”字列在2165位。这几个字除了“雪”字相对常用外，其他几个字的字频都比较靠后，因此对于初学者，我们提倡先只教拼音。

第三个统计数据是北京大学王若江教授（2004）的研究成果。她也赞成“将汉字作为汉语教学的基本教学单位”这一观点。她对不同教材中的字词比例做了比较。

表3-2是王若江教授（2004）的研究中的一些简要的统计数据以及笔者所了解的《新实用汉语课本》第1册的统计数据:

表3-2 相关教材中字词数与字词比例情况统计表

教材	字词数	字词比例
《基础汉语课本》第1、2册 外文出版社，1980年	489个字，534个词	1:1.09
《初级汉语口语》上册 北京大学出版社，1997年	600个字，732个词	1:1.22
《汉语语言文字启蒙》 华语教学出版社，1997年	400个字，1586个词	1:3.97
《新实用汉语课本》第1册 北京语言大学出版社，2002年	364个字，488个词	1:1.34

从以上统计数据可以看出，以“词”为教学出发点，“字”则处于从属的地位，汉字的利用率便很低，也就是说，为了词的常用性，就不能太考虑学习汉字的数量问题。相反，如果以“字”为教学起点，就会注重字的复现率和积极的构词能力，汉字的利用率自然比较高。当然，不可否认，照顾“字”时，有些常用词语就可能被回避了。以“字”“词”作为起点的选择问题，进一步讲就是分散识字与集中识字的选择问题。分散识字紧跟着词带字的原则，“字”就成为了附属品。在此种选择下，学习者不容易以部首、部件、形声部件进行归类。分散识字也不能充分利用汉字的频率进行教学，不能将识字与阅读相结合，从而导致了学习的集中度降低。

在当今汉语教学飞速发展的背景下，正视本学科的主要问题是至关重要的。在中国，自 1950 年开创对外汉语教学以来，一直把“词”作为基本教学单位，坚持汉语教学一元论。诚如吕必松先生所言：“汉字教学和汉语教学一直是‘两张皮’，口头汉语教学与书面汉语教学一直处于互相制约的状态。”[①] 而这一问题的存在，“并不是汉字和汉语的固有特点决定的，而是因为我们弄错了基本教学单位”[②]。

“不识庐山真面目，只缘身在此山中。”在当今汉语教学在全球发展的关键时期，我们应当认清汉语的独特性，承认汉语教学中有“字”与“词”两个基本单位，并需要在“字”与“词”两个层面上都遵循经济原则。

① 吕必松. 我为什么赞成“字本位”汉语观——兼论组合汉语教学法 [EB/OL].（2011-09-26）[2016-08-12]. http://blog.sina.com.cn/s/blog_5bbada9d0100xl5r.html.

② 吕必松. 我为什么赞成“字本位”汉语观——兼论组合汉语教学法 [EB/OL].（2011-09-26）[2016-08-12]. http://blog.sina.com.cn/s/blog_5bbada9d0100xl5r.html.

第四章　法国汉语教学大纲与汉语高考评估

第一节　法国汉语教学大纲之嬗变

随着中国经济的飞速发展、国际地位的不断提升，海外汉语教学蓬勃发展。而在法国，从小学到大学的各个阶段汉语教学都取得了长足的发展。

在法国，基础教育（小学、初中、高中）和高等教育是两个相互独立的体系。自 20 世纪 50 年代末法国基础教育破天荒地创立了正规的汉语课程以来，汉语作为部定学科融入到了法国基础教育中。这是我们将汉语作为一门独立的学科、在教学法领域进行构建的先决性条件。汉语无论是作为必修课还是作为选修课，最后学生都要参加高考。不同阶段和不同类型的汉语课程都有各自的教学目标及课程安排。基础教育阶段的汉语教学已经拥有完整的教学目标及大纲，而这正是法国高等教育中拥有两百多年历史的汉语教学以及其他语言教学所缺乏的。

法国基础教育阶段的外语教学涉及英语、西班牙语、意大利语、德语、葡萄牙语、阿拉伯语、日语、汉语等十几个语种，学生可选择感兴趣的外语作为第一外语、第二外语或第三外语进行学习。教学大纲在教学中起着极其重要的指导作用。法国汉语教学大纲经历了萌芽阶段，逐渐发展成熟，至今已拥有了一套适合各个年级不同类型课程的颇为完善的教学大纲。我们大致可以将大纲的发展分为以下几个阶段：

一、1979 年至 1981 年期间的汉语教学指导性文件

1979 年 1 月 8 日，法国教育部初中部主任签署了初中汉语教学指导性文件。[①]该文件强调了汉语语言与学习的特殊性，制定了一系列期望实现的教学目标，首次在国家层面规定了与法国基础教育体制相适应的汉语教学进度。除了规定语

① 当时的文件是由时任兼职汉语督学的于儒伯先生（M. Ruhlmann）起草的。

音、语法等方面的教学进度外，该文件还规定了每一学年末学生需要掌握的汉字数。这是汉语区别于字母文字的一大特色。自此，汉字能力成为汉语教学纲领性文件中不可或缺的一部分。

在初中汉语教学指导性文件公布的两年后，高中汉语教学指导性文件也于1981年面世。这一文件与意大利语、葡萄牙语、俄语的相关文件一起以口袋书的形式印刷出版并得到大规模分发。它对汉语作为第一外语做了一些简单的教学指示，但没有具体的解释说明；对于汉语作为第二外语、第三外语，则要求参考1979年为初一、初二制定的指导性文件，并要求加入中国文化知识以更好地实现外语在中学的基本教学目标。

1. 语言方面

1979年和1981年的汉语教学指导性文件谈及了汉语的一般教学，而对汉语的性质、汉字以及汉语所承载的文化却并没有详细的说明与解释。该文件认为汉语学习应该注重发音和语法的规律性以及句子的韵律感。这一时期的指导性文件还尤其关注汉语语言文字的结构。此种思路实际上反映了语言的掌握就是对规则的机械运用这一传统的教学论观点。

当时的文件也指出，汉语的口语和文字是两个相对独立的系统，因此对口语和书写的教学要有不同的规划和安排。对于口语中应用的词汇，只有常用的汉字才要求学生掌握书写。初中的四个年级，每个年级都有相应的需要掌握的汉字，尽管当时的要求还缺乏系统性。同样地，高中的三个年级则在此基础上根据年级增加需要掌握的汉字。此外，尽管这段时期没有禁止教授繁体字，但是普遍推荐学习简体字。

总的来说，这一时期主要还是采用传统的语言教学方法。在学生能力要求方面，偏重阅读和写作能力。而指导性文件关于实际的交际能力则缺少详细的解释，仅仅对课堂上涉及的一些主题进行了简单的说明。

2. 文化方面

在1979年的指导性文件的最后提到了汉语教学中教授文化知识的必要性。文件认为，语言总是生长在一定的文化土壤之中。通过学习各种文化、地理、历史知识，我们才能对中国有一个总体的了解，才能理解不同的语言行为。

文件要求，关于中国现当代问题以及中国文化的学习应逐步地分阶段进行。从初中三年级开始，学生可以通过文本解读的方式来学习文化，其目的首先是让学生熟悉一些书面语表达和文化隐喻。进入高中之后，学生开始学习更深层级的文化。1981 年的指导性文件提到，为了激发学生的跨文化思考，与中国的对话者进行更有效的对话，从高一开始将汉语作为第一外语的学生要通过真实语料来学习中国文化。对高二和高三将汉语作为第一外语的学生推荐使用的教材包括报纸、教育类书籍上的一些简单的文章、戏剧和相声里的对话、现代作家作品选段、古典小说的口语改写版等。

二、1985 年至 1988 年期间的汉语教学指导性文件

1979 年至 1981 年期间的指导性文件和 1985 年至 1988 年期间的指导性文件时间间隔很短，在教学设想上有很多相似性，目的都是为了规定可教授的知识。这种连贯性和一致性加速了汉语作为外语在法国的学科化进程。尤其值得一提的是，1985 年的指导性文件历史性的突破在于列出了高中结束后需要达到的汉字目标，即按照字频和字的构词能力所制定的“四百常用汉字表”。这一字表由白乐桑与欧德利于 1984 年至 1985 年间制定，革新了 1979 年的几个字表，内容上与时俱进，以期建构一个最低汉字能力方面的汉字门槛。设定汉字门槛这一思路确为汉语教学论建构了一个全新的、决定性的概念，尤其适合于非母语学习者的汉字学习。汉字门槛概念承认“字”也是不可缺少的语言教学单位，这在汉语作为第二语言教学史上可以说是一个重要的里程碑，也可以称之为法式“字本位”汉语教学（或称法式“汉语教学二元论”）的开端。

1. 语言方面

1985 年至 1988 年期间，新的指导性文件更加明确了 1979 年至 1981 年期间汉语在基础教育阶段的教授形式，强调了统一传授知识的必要性，并明确指出：在拼音的辅助下，统一教授“普通话”这一官方语言，其他方言或者文言文一律不提倡。

不过，指导性文件在书写方面则允许两种可能性的存在：除了强烈推荐简体字之外，繁体字的使用也是可以接受的。繁体字被认为是“完整的汉字”，是简体字产生的“模子”。一方面，繁体字的使用可以让学生对一些汉字的字源产生

兴趣。另一方面，繁体字在中国内地（大陆）之外的地方还是被广泛使用的，譬如香港、台湾。此外，一些华侨聚居地以及韩国和日本等国也广泛使用繁体字。

2. 文化方面

如同 1979 年至 1981 年期间的指导性文件，1985 年至 1988 年期间的指导性文件主要要求在高中时期引入文化内容。1987 年的高中指导性文件指出在语言学习的同时，需要加入文学和传统哲学启蒙的内容。

总的来说，高中汉语作为第二外语、第三外语的教学内容完全沿袭 1981 年的指导性文件。高中汉语作为第一外语则在 1981 年的指导性文件基础上进行了发展和细化：1987 年的指导性文件明确了高一、高二的教学内容，1988 年的指导性文件则对高三的教学内容做了相应的调整。

这些指导性文件归纳了各种文化题材以及相应的要求和方法：

- **古典文学和现当代文学** 这些内容在高中汉语作为第一外语的指导性文件中占据重要地位。高一、高二的学生要学习部分白话或方言写就的文学作品，主要作家包括鲁迅、老舍、茅盾、巴金和曹禺等。高二、高三的学生则需要学习一些文言文作品，例如古典小说（如《三国演义》）节选，或者一些韵文诗、散文诗。文件还鼓励教师为参加高考汉语口语考试的学生安排学习一些古诗词。
- **历史和地理** 高三学生需要了解中国历史上的重要时期和一些重要的皇帝和改革家的名字。参加汉语高考的学生需要会认读一些重要的地名，包括中国一些重要的省市名以及中国和其他一些国家的首都名称。此外，文件还鼓励高二学生了解包括中国人口和民族多样性在内的人文地理，目的是更好地了解中国。
- **信仰和习俗** 从高一开始，介绍中国古代的各种世界观、信仰以及一些传统节日。
- **中国的哲学和思想** 指导性文件中只要求参加高考的以汉语作为第一外语的学生掌握最基本的知识。高三学生需要知道至少在汉字文化圈影响深远的中国古代大思想家的名字，譬如孔子、老子、庄子、列子、韩非子。
- **政治和经济** 阅读报纸和追踪新闻需要掌握一些关于政治、经济的特殊词汇和相关措辞。通过高二、高三一些基本词汇的学习，学生可以理解中法之间不同的社会政治体制。此外，为了能阅读那个年代的日常读物、报纸或者通告，了解一些关于劳动、农业、蔬菜、谷物等方面的词汇也是必要的。

1985 年至 1988 年期间的指导性文件在文化内容方面很丰富，尽管受当时的政治、意识形态的深刻影响，包含了一些有时代烙印的词汇。这些内容在今天看来过时了，但是它的历史性显示了当时文件制定者的意愿：将文件与现实结合。也就是说，指导性文件应该贴近现实生活，因此是不断变化着的。

三、2002 年至 2008 年期间的汉语教学大纲

准确地说，2002 年之前开始实施的指导性文件都不是真正意义上的完整的教学大纲，而只能算是大纲的片面性的、零散的部件，仅由几页指导性的说明组成，对各个阶段要教授的知识并没有详细且明确的说明。

汉语教学随后在法国的飞速发展使其在法国的教育体系中占有相当的分量，因此制定一个能确保各课程之间协调统一的完整的教学大纲就变得十分必要了。2002 年，由笔者担纲主编的高一汉语教学大纲正式颁布，法国的汉语教学从此进入了由教学大纲统领的时代。此后，其他年级的汉语教学大纲也陆续制定颁布。教学大纲在精确性与相关性方面取得了很大的进步。汉语教学在保持它与汉字相联系的特殊性之外，融入一般外语教学中，为法国的多元语言的建设做出了贡献。

表 4-1 是这段时期法国的汉语教学大纲颁布年表：

表 4-1　2002—2008 年法国的汉语教学大纲颁布年表

年级	高一	高二	高三	小学	初一	初二	中文国际班
颁布年份	2002	2003	2004	2005	2005	2007	2008

在谈论 2002 年至 2008 年期间的汉语教学大纲之前，我们有必要先简单谈论一下“欧洲框架 ”对汉语教学大纲的深远影响。

1. “欧洲框架”对汉语教学大纲的影响

“欧洲框架”于 2001 年正式颁布，是欧洲理事会组织其各成员国共同制定的

关于语言学习、教学及评估的整体指导方针与行动纲领。应当今社会人员流动密切频繁、国际沟通不断增加、各国语言教学日趋接轨的需要，“欧洲框架”分别从语言学习、语言教学及测试评估等方面提供了统一的参考标准，是各国语言教学及学习领域的参考工具。问世以来，随着其在欧洲各国语言教育领域的不断推广和应用，影响日渐深远，也为世界语言教学揭开了新的篇章。①

“欧洲框架”为全欧洲语言教学计划的制订、课程设置、语言测验及教科书编写等提供了一个共同的理论基础。“欧框”全文 260 余页，包括 9 章，主要内容涵盖语言学习、教学及评估三大部分。在语言能力分级方面，“欧框”分为依次递升的三阶段六等级（A1 基础级、A2 初级、B1 中级、B2 中高级、C1 高级、C2 精通级），并建立了总体的分级标准。“欧框”的制定和推广，为整个外语教学带来了一场大变革。“欧框”出台以后，影响不断扩大，欧洲各国相继与之接轨，以“欧框”为依据制定各国的语言教育政策及大纲。法国教育部依据“欧框”分级体系，规定：第一外语在学生小学毕业时要达到 A1 水平；初中毕业时达到 B1 水平；高中毕业时达到 B2 水平。自 2001 年起，法国教育部对法国小学及中学教授的近 10 门外语制定了教学大纲和具体评估指南，汉语教学当然跻身其中。

然而，作为全欧洲不同语言的框架性文件，“欧框”不可避免地过于“一般化”，对汉语等非印欧语言的特点几乎没有涉及。由此，我们在实际应用“欧框”时不仅要考虑到学习者母语的特殊性，也要考虑到不同目的语的特殊性。

2. 汉语教学大纲的诞生与日臻完善

在法国教育部、法国汉语教学专家的共同努力下，2002 年至 2008 年期间，法国相继出台了适用于小学、初中、高中、高考、中文国际班等一系列的汉语教学大纲、文化大纲及考试大纲，并通过试用、调研、研讨等形式进行了反复修改和更新。此外，在法国各大高等专科学校，为适应汉语作为非专业选修学科学习人数越来越多的形势，法国教育部及相关部门根据“欧框”也制定了具体的教学大纲和考试大纲。总之，经过教育部的大力宣传、法国各地汉语教师协会的各种师资培训及推广，已公布的系列汉语大纲已在全法国得到了一定的普及、应用：

① 白乐桑，张丽，2008.《欧洲语言共同参考框架》新理念对汉语教学的启示与推动——处于抉择关头的汉语教学 [J]. 世界汉语教学（3）.

汉语教材依据“欧框”标准及具体教学大纲进行修改和编订；汉语课堂依据教学大纲及文化大纲进行设计和展开；汉语考试依据考试大纲及《中学阶段“实践一门现代外语”参考表格》施行。法国汉语教学在兼容“欧框”的同时，尊重汉语自身的特征，进一步蓬勃发展，因此它采取的语言与教学理念比 1979 年至 1988 年间的指导性文件更全面，更现代，更科学。

2.1 语言方面

2002 年至 2008 年期间的汉语教学大纲，强调了汉语需要以一种国际语言的身份出现，重视其日常交际功能。这一对语言的交际功能以及汉语的进一步传播的强调旨在给予汉语在这个世界上应有的地位，从而进一步推广更加适合当今汉语教学的交际法教学。

在初中和高中的大纲中，设立了两大语言方面的教学目标。第一，汉语本身的教与学，目的是实现学生在不同的语言能力方面的知识的获得。第二，更宽泛一些的目标是语言能力的总体提升，即学生通过对语言与文字功能以及不同语言内部逻辑的思考，获得一种培训自我的能力。

在方法论方面，通过采取考虑汉语的共性与特殊性的更现代的教学法，教学大纲得到了更新。因此，由“欧框”提出的任务型教学法受到重视。但是，汉语本身的特征要求我们在使用任务型教学法时，需要与之保持一些距离，同时也需要其他教学法的补充。法国现代汉语教学采用的“二元论”（即法式“相对字本位”）教学路子，是 80 年代提出并逐步系统发展的适合汉语初级学习者的汉语教学理论，是法国现代汉语教学中的主流教学论，提倡“字带词”，设置了不同的汉字门槛。2002 年至 2008 年期间的汉语教学大纲明显区别于其他坚持“一元论”（即“词本位”）的外语教学，强调口语与书写的不同的教学进度。汉语的这一教学论坚持口语和书面语是两个重叠的系统，但是又相对独立。

在法国，从 2007 年开始，在基础教育中所有外语都被纳入一个统一的教学大纲之中。这也再一次说明，汉语作为第二语言教学是从属于外语教学这一总学科的。但同时，也承认汉语有其特性。尤其值得一提的是，因为汉字的特殊地位，汉语和日语中的汉字表以纲领性文件身份单独发布，而其他任何一门外语都没有专门的内容受到如此的款待。

2.2 文化方面

21世纪的语言教学置于欧洲与国际视野之下，文化多样性成为其一个主要特征与主要政策。因此，语言教学不仅仅涉及单纯的语言内容，同时还涉及丰富的文化知识。文化学习被认为是理解他人、自我构建与更好地理解自我的一个过程，因此应当融入不同的学科学习中。将文化与语言连接在一起，可以更好地理解语言的功能，同时也可以对人类社会多样性进行更深入的思考。

2002年，法国高一外语课程标准进行了重大的革新，首次正式将文化教学纳入语言教学大纲中，与语音、语法、词汇居于同等重要的地位。2003年，法国高二外语课程标准也做了同样的改革。同一年，法国教育部明确规定了小学、初中最后一年以及高中毕业会考学生在语言能力方面所应达到的具体标准，并制定了与“欧框”相对应的教学目标、能力描述。文化教学由此在语言教学中得到了合理的筹划和组织，同时，各学习阶段、各语种中一些共通的文化方面的基本概念也得到了清晰的梳理和界定。

由此，法国外语教学大纲从这一时期开始有了一个针对各个语言级别的文化主题。从初中到高中，我们可以概括出外语的五大文化主题：

- **现代与传统**（初中第一阶段） 地理标识、日常生活及生活环境、文化及历史遗产
- **此处与别处**（初中第二阶段） 旅行、科学、此处与别处印迹、语言、学校与职场
- **生活在一起**（高一） 记忆、交流、社会关系、创立
- **权力关系**（高二） 管辖、权势、反抗、叛乱
- **与世界的关系**（高三） 身份、相互依存、冲突、文化往来

每一个文化主题都需要从一些共同的概念出发在不同的角度下展开，由任课教师根据具体情况选择相应的教学工具和教学方法。语言教学旨在培养学习者真正的文化批判能力。至于文化知识的学习进度，须先从与学习者日常生活密切相关的问题出发，逐渐过渡到需要更多思考的复杂的问题。

3. 2002年高一汉语教学大纲

下面我们以2002年高一汉语教学大纲为例，分析其内在特点。

3.1 汉语学习的三大目标

2002 年高一汉语教学大纲的前言明确提出了汉语教学的三大目标：

- **使用汉语进行交流** 目标是要使学生具备汉语（或称“普通话”“标准中文”）听说能力，能认读并书写简体中文，掌握汉语拼音。对于接受过繁体中文教学，并能读写繁体中文的学生，其水平也被认可，但仍须要求此类学生能够辨认简体中文。作为认读汉字信息最常用的工具之一，汉语拼音的作用十分重要，因此，掌握汉语拼音也是教学的重要目标之一，并且也应成为教学评估的内容之一。
- **了解汉文化** 文化知识的输入应从学生首次接触汉字的书写及字源开始。至于严格意义上的文化内容，由于汉语使用的地域范围并不限于讲汉语的国家和地区（如中国、新加坡和各国的华人圈及“中国城”），还应扩展到“汉字文化圈”。因此，学生还需了解在其他国家（如日本、韩国和越南），汉字无论现在还是过去也都是一种文化传载工具。
- **熟悉汉语的开发性功能** 与西方文字不同，汉字不分析语音。它以字形和字义的结合为基础，能调动学生对笔画顺序和方向的记忆能力，以及掌控虚拟田字格空间的能力。学习汉语可以让我们对一门没有时态变化、动词变位、性数区分的语言及其非字母文字的运用进行思考。

3.2 汉字能力

上述三大教学目标中，汉字是其共同内容，由此可见汉字的重要性。在三大目标之后，大纲进一步提出了“汉字能力”，并对此进行了重新定义：

- **分析字形**（除了能辨认用于查字典的关键部首之外，还应掌握所有的偏旁或者部件，以简化对汉字的记忆）。
- **熟悉部分字的原形**（目的是要帮助记忆以及更好地理解汉字的字义）。
- **书写汉字**（掌握汉字的书写及在虚拟方形田字格上书写的笔画顺序和方向）。
- **读音能力**（能将汉字与其对应的拼音声调联系在一起，并会发一些多音字的音）。

- **掌握每个汉字所包含的一个或多个意义** 每个单字就是一个“模糊意义”的单位，只有在了解具体语境的情况下该汉字的意义才能确定，所以必须认识前一个字和后一个字并理解它们的意义。确定一个汉字的意义根源十分重要，只有这样才能培养学生对汉字书写的自动理解能力。同时，还必须使学生掌握某个汉字所包含的意义是否可以单独使用，是否可以作为一个独立词语而存在。
- **对所学的汉字进行组词，掌握最常用的词语组合。**
- **主动书写汉字的能力。**
- **在字典里查找汉字的能力**（能分辨部首、数笔画、区分笔画类型）。

从这一定义可以看出，“汉字能力”强调“音”“形”“义”三者的协调统一。这一汉字能力，也是法式“相对字本位”思想的体现：尊重“字”与“词”两个基本教学单位的存在，在字的基础上层层扩词；将汉字区分为主动字与被动字。同时还将“在字典里查找汉字”作为能力之一提出。因为汉字不是注音文字，在字典里查找汉字则变得尤为重要。遇到生字，学生需要掌握如何使用字典将生字查找出来。也就是说，学生需要熟悉汉字的部首、偏旁和笔画。

3.3 四大能力：听、说、读、写

在阐明“汉字掌握能力”之后，大纲又对汉语的四大能力（即听、说、读、写）进行了进一步的阐述。

学生的汉语听、说、读、写四大能力要通过对汉语语言和文字特征的掌握来培养。汉语的特征在于：通过文字不能拼读出发音，因此其发音是不能预知的，文字的透明度几乎为零；口语不能立即被记录下来。汉语的这种独特性不仅需要采取所有可能的措施来应对，而且还引起了语言知识的两大“王国”的高度自主性：一个由“字”统辖，另一个则由“词”统辖，即汉语的二元状态。

汉语教学还应考虑到：一方面，通过读音使用电脑输入汉字，使得人们从此只需知道如何发音就可以知道如何书写（在能够辨认汉字的情况下）；另一方面，顺应教育系统内对口语的重视这一方针，汉语教学还需要保证“分步走”的教学策略：读和写教学目标之间分步走，被动字和主动字教学分步走，汉字辨认和书写分步走，口头与笔头分步走。简单举例说，很多国家和城市的名称只需让学生掌握其读音，并借助“拼音”标记即可，无须掌握这些名称的中文写法，因为这类词语的使用频率很低。

这种尊重汉语特性的“分步走”的教学策略，可以将书面表达（在某些情况下求助拼音即可找到汉字）和口语表达分离，由此口语表达能力的提升不会受汉字学习的拖延，同时也解决了汉语学习中阅读与写作的不同步的问题。一方面，逐渐使用汉语作为课堂交流的工具；另一方面，借助拼音的标注，使口语的学习速度不受汉字的牵制。

因此，确切而恰当的教学评估应该清楚地区分以下三条线各自的进展情况（见图 4-1）：

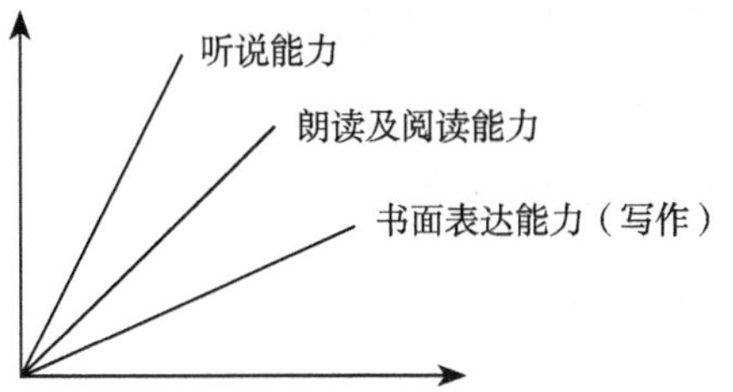

图 4-1　汉语语言能力分布图

从图 4-1 可以看出汉语教学对于四项不同的语言能力的分级，由此也进一步说明法式“相对字本位”并非只强调汉字教学，而是从汉语教学的整体来考虑的。不管怎样，汉字学习的延后是有益的，因为口语先掌握的知识总是会在书写中被再运用。此外，通过在电脑上对一篇汉语文章的处理可以促进汉字的辨认，从而提升阅读能力，有利于拼音的快速掌握。不仅如此，电子邮件的使用也使写作得到了部分解放。

在课堂教学上，对汉语特殊性的尊重主要体现在努力避免口语活动与其书面记录间不适当却又经常存在的交叉重叠。因此，应该尽可能监督学生掌握区别于书面表达的口语表达。汉字所蕴含的文化、认知和培养功能均要求维系汉字教学。然而，电脑输入汉字带来的革命性变化，以及由此给汉字书写造成的实际障碍，再加上学生阅读水平的制约，都要求放弃“读写合一”的教学模式。

3.4 教学进度

汉语基本口语的运用会掌握得相对较快：一旦经过了语音、声调和意群的适应阶段，学生就能够组织一些能使母语为汉语的人认为是听得懂且正确的句子，尽管这些母语使用者显然可以使用更复杂、更惯用的，或者更地道的方式来表达。由于大部分母语为汉语的人都能使用普通话和方言，所以学生与这些人之间的基本沟通是不成问题的。如果要使学生只在经过几年的学校课程学习之后，就可以用汉语进行交流的话，就一定要让他们克服印欧语言特点所带来的词法方面的障碍。因此，在汉语教学中，要把教学时间特别用于两个方面：一方面是汉字与其产生的“图解文化”(graphoculture)(汉字相关的书写技巧、字源教学以及文化拓展)；另一方面则是朗读。我们也要充分利用与“图解文化”密切相关的词汇文化，如“北京”是“位于北方的国都”，学生还可以从“北”字中学习与“风水”相关的知识。总而言之，在汉语教学中将口语和书面语分开是为了更好地实现教学目标、更好地讲解蕴含文化内涵的汉字。但是考虑到具体的班级水平，不一定必须要将所学的字组词或者组句。汉字学习内容主要涉及字形结构、发音和意义，具体用法讲解依具体情况而定。

3.5 汉字门槛：汉字学习规划的必要性

要求学生尤其是初学者认识汉字字形并遵守之，使得我们形成这样的观念，即初级阶段字的选择在很大程度上应当指导词的选择，至少字的选择不应当为词的选择所牵引。因此，汉字学习的规划与基于频率标准的汉字门槛的设定就变得十分必要了。此处谈到的字频是符合教学目标的，需要同时考虑汉字在书面语和口语中的频率、汉字的构词能力、文化以及汉字字形方面的考量。一个汉字的选择不仅仅是因为它的频率、构词能力，也是因为它有利于同一字表中其他汉字的记忆。在制定不同的汉字门槛时，汉字及其字形结构的教学的先后时间安排都是需要考虑的。我们一共制定有六个汉字门槛，另加一个 104 个高频汉字偏旁门槛。

汉语作为第一外语：805 字门槛，其中包括 505 个主动字（即汉语作为第二外语的汉字门槛）

汉语作为第二外语：505 字门槛，其中包括 355 个主动字

汉语作为第三外语：405 字门槛，其中包括 255 个主动字

汉语作为第一、第二、第三外语都有各自的汉字门槛，但是 104 个高频汉字偏旁门槛是所有学生都必须掌握的。汉字门槛中对主动字和被动字的区分是十分有意义的。对于主动字，大纲要求学生既能听懂，又能主动表达，包括书写；对于被动字，大纲要求学生认识，但是不要求会书写，在书面表达时可以用拼音代替。主动字与被动字的划分协调了字与词之间的关系，当两者发生冲突之时，双

方视情况做出必要妥协，目的是保证学习者汉语能力的平衡与综合汉语水平的提高。

辨认部件以及为部件命名在记忆整个汉字，尤其是主动字的过程中起着决定性的作用。对部件的掌握能增加学生习得主动字的数量。这一点在我们做过的一些调查问卷中已有证明。汉字部件的选择也是从教学法出发，参照的是使用频率最高的汉字。在这 104 个偏旁中，不仅有字典首页所列出的部首，还有诸如“也”和“不”这样的汉字，因为它们作为部件时也经常出现在使用频率较高的汉字里。“汉字门槛”是衡量书面能力的标准和条件之一，制定“汉字门槛”是目前最为可行的办法，也是汉语兼容“欧框”的一条捷径之一。事实上，自 2002 年起法国教育部以“字本位”模式为基础相继出台了一系列中小学汉语教学大纲，每个大纲都给出了相应的“汉字门槛”（小学普通课程最后一年级 150—200 字；高中毕业第一外语 805 字，第二外语 505 字，第三外语 405 字；中文国际班课程 1555 字），这在欧洲汉语教学界引起了很大的反响。各国纷纷表示要以法国汉语教学大纲为参考依据，借鉴法国汉语教学经验并抓紧研发本国大纲。德国、芬兰相继开始了法国汉语教学大纲的翻译及分析工作，并已启动本国汉语教学大纲的制定和研发。

从 1979 年的简单零散的指导性文件到今天一整套完整的教学大纲，正是汉语在法国从“小语种”到“国际语言”的美丽蜕变。这一蜕变反映了一个独立的学科的诞生，拥有了自己的教学法思考，并由此对教学大纲进行了重新定义。

第二节　法国的汉语高考评估 *

随着“欧洲框架”在法国的不断推广，法国的外语教学理念不断得到更新。然而，旧有的具体考试实施却并没有跟上步伐。理念与实践之间的矛盾不断尖锐化，使得 2013 年法国外语高考改革成为大势所趋[①]。在法国这个以平等、民主、自由著称的国家，改革的路途并非一帆风顺。教育部同家长协会、校长及教师经过长达数月的谈判，最终才有了一致的决定。针对所有外语语种，新高考方案推出以下重大举措：引入四个文化概念，考查五项言语能力，实行统一的评估内容

* 本节的部分内容取自白乐桑与廖敏合著的《法国汉语评估及教学划时代的飞跃——论 2013 法国外语高考改革对国际汉语教学的巨大推动》一文（载于《华文教学与研究》2013 年第 4 期）。

① 在法国，汉语在 20 世纪 60 年代末开始进入高考科目。

并使用全国统一的评估标准表。

作为法国基础教育外语体制中的后来居上者，汉语也借此契机对高考体制进行了改革，使其与先进的教学理念相融合。新高考方案的全面执行使传统的教学模式面临着极大挑战。如何培养学生的语言交际能力，如何将"欧洲框架"的评估标准应用到教学实践中，都是亟待解决的问题。

一、四个文化概念

在法国，2002 年开始首次正式将文化教学纳入到语言教学大纲中，与语音、语法、词汇居于同等重要的地位。然而遗憾的是，法国中学语言科目高考并没有因为新课程标准的公布而更新。2002 年以后的高考内容并未充分体现文化的重要性。显而易见的是，高考考查的结构和模式必然会影响到具体的教学安排。举例而言，如果在高考中没有听力理解这一项，那么，在具体的教学安排中，不论其是否重要，听力必然会被忽视。同理，尽管从 2002 年开始文化教学已被正式纳入语言教学体系，然而由于高考并没有对如何评估文化知识做出相应的体现，文化教学在实际的语言教学中的地位也就可想而知。直到 2013 年，文化概念才被作为切入点首次被评估，阅读理解、写作、口语表达等各项考查都围绕文化概念展开。由此，文化教学最终有机且有效地被纳入语言教学中。

以下是新高考方案中推出的四个文化概念①：

1. 神话和英雄（mythes et héros）

2. 空间和交流（espace et échanges）

3. 政权所在地与政权形式（lieux et formes du pouvoir）

4. 进步的理念（l'idée de progrès）

这四个文化概念提出后，为了帮助教师更好地理解其含义以便在教学中具体开展教学，每一个语言学科都成立了专门的工作小组。经过数月奋战，整编出了一套真实的教学参考资源，针对每个概念进行具体的举例描述，各概念之间互相穿插，并提供了大量的语音和视频资料供教师参考。汉语工作小组对四个文化概念在中国文化中的体现以及在教学中的开展做了详尽的描述。我们在此以表 4-2 为例，简单列举四个文化概念在中国文化及教学中的开展：

① 经教育部专家组讨论，为了避免翻译中的细微差别影响教师和学生的理解，各语种对这四个文化概念保留法文名称，不进行翻译。此处为了方便读者理解，我们将这四个文化概念翻译成了中文。每个词都与特定的文化背景有关，比如 espace，如翻译成德文，会产生误解。因为该词在德文中所涵盖的、所映射的概念与该词在法文中的概念不对等。

表 4-2　四个文化概念在中国文化及教学中的情况描述表

序号	概念名称	描述
1	神话和英雄	愚公移山：坚持不懈、团结一致可力排万难的寓意可与新中国的意识形态相结合。一外、二外、三外的学生可根据不同难度进行学习 可参考连环画 LI Kunwu, OTIE, *Une vie chinoise,*（*BD*）*T1 Le temps du père*, 2009 可参考网站链接《愚公移山》http://book.pcbaby.com.cn/opus/934331.html 可参考电影 IVENS Joris et LORIDAN Marceline Comment Yu Gong déplaça les montagnes film 1976 花木兰、孟姜女、杨家将：女性在中国古代的地位 三外的学生可进行听力理解和口语表达：学生可将所听到的故事用几个小插图表现出来，然后将所画插图发给大家，再按故事顺序排列，最后作简单描述和评价 二外的学生可将《孟姜女哭长城》与概念 2“空间和交流”交叉，体现长城在古代及现代中国的作用，以及民族间的交流
2	空间和交流	观察中国地形、行政区划、地貌、人口分布、民族的多样性，引导学生理解中国地理和文化现状，对华人世界的特点形成自己的看法 可参考书目 *CABRILAC Bruno, Que sais-je ? économie de la Chine*, ed. PUF, 2009 可参考地图 Cartes de la Chine（des provinces des minorités de la Chine, carte du relief, climatique） 可参考链接 www.toutelachine.com/chine-geographie.cfm（certaines cartes sont interactives） 中国、日本、韩国、越南同种同文 中国和海外华人的餐饮艺术 中国对内交流和对外交流：城市规划、赴外旅行等
3	政权所在地与政权形式	从几千年的皇权到新社会的建立 北京天安门：了解北京城市及其政治地位 三外的学生可就天安门广场展开的重大事件进行介绍，任务活动：如果 1919 年 5 月 4 日、1949 年 10 月 1 日你在北京…… 使用标语宣传教育：讲文明 / 讲卫生 / 高高兴兴上班去，平平安安回家来 / 节约用水 / 城市让生活更美好 金钱在当今社会中的地位：房奴、车奴、丁克……
4	进步的理念	传统的儒教思想在当代社会的地位和价值 传统中国、现代中国 “五四运动” 女性的地位：可与花木兰、孟姜女、杨家将等故事交叉 竞争意识是社会进步的因素吗? 西化是社会进步的因素吗?

表 4-2 只简单列举了众多描述中的几项，每项描述都提供了相关的视听资料或相关书目供教师参考，各文化概念之间联系紧密。值得重申的是，法国的中学生需要学习至少两到三门外语，这四个文化概念在各语种中通用，这就意味着学生需要从几个不同的文化角度来讨论某一话题，客观地认识、比较、评价这一话题在不同文化中的不同表现，从而对学习者思维能力的培养起到巨大的促进作用。虽然四个文化概念只针对中学外语高考，但其影响力远远超出了中学范围。汉语工作组整编出来的真实的教学参考资源对尚不成体系的大学汉语教学来说尤其值得借鉴。

二、五项言语能力

言语能力是学习者在各种情境下的语言活动中运用各种知识和策略围绕某一话题所体现出的理解能力和表达能力。改革的另一项重大举措在于首次对全法国第一、第二外语的高中生测试五项言语能力：听力理解（compréhension orale）、阅读理解（compréhension écrite）、口语互动（interaction orale）、连贯的口语表达（production orale en continu）以及书写表达（production écrite）。第三外语则只测试口语，即评估口语互动和连贯的口语表达这两项言语能力。这些测试评估是建立在“欧洲框架”的标准之上的。

“欧框”详尽描述了语言学习者在不同语言能力阶段所能达到的语言运用水平，这些言语能力被分为六个阶段，分别是初学阶段的 A1、A2，独立阶段的 B1、B2，精通阶段的 C1、C2。根据“欧框”的标准，一外、二外和三外的学生在高考时所对应的能力水平如下（见表 4-3）：

表 4-3　学生语言级别与“欧框”能力对应表

语言级别	需达到的水平
一外 LV1	B2
二外 LV2	B1
三外 LV3	A2

“欧框”对每个阶段能够达到的言语能力都进行了详细描述，学生和家长可

随时参阅。以 A2 口头表达为例（见表 4-4）：

表 4-4 “欧框”A2 口头表达能力描述表

“欧框”A2 口头表达	
连贯表达	我能用一连串句子或短语描述我的家庭和他人情况、我的生活状况、我的学业，以及自己目前或最近的工作情况
参与对话	我能在只需简单和直接交流的活动中，就熟悉的主题和任务进行交际。即使在不能完全听懂、难以持续交谈的情况下，我也能完成简短的沟通

尽管“欧框”的评估标准是针对所有外语的，但是汉语工作组早已意识到“外语之间不平等”这一事实。譬如，法国学生学习西班牙语和汉语，因为语言间的差异，在同等时间不可能达到同样的效果。因此，在“欧框”的标准上，汉语教学根据自身特点进行了调整，认为一外学生在高考时并不能完全达到 B2 的水平，而是介于 B1 和 B2 之间；二外学生也不能完全达到 B1 水平，而是从 A2 过渡到 B1。在具体的能力要求方面，汉语口语能力基本符合一般外语标准，而书面能力则以汉字门槛为标准。

以往的高考都在学年末全国性地展开，考生去指定考点考试，测试教师根据自己的习惯和理解打分。受种种限制，高考从未全面测试过五项言语能力，比如听力理解由于具体组织障碍从未被测试过。在旧高考的准备期间，汉语教师可以根据学生水平为他们选择将来考试的内容。口语考试中，学生向考官提供的短文都是由自己老师提前准备好的。这使学生死记硬背课文成为可能，只要背下文章和老师提前准备好的陈述，口语考试就已成功一半，而实际的语言交际能力在旧高考方案中并没有充分体现出来。新高考方案将口语交际能力作为首要目标，学生连贯表达和参与对话的能力都是考查的重要内容。

为了能合理地组织安排这些测试，2013 年的新高考方案对考试时间也进行了调整，各方一致决定分散评估时间，将传统的学年末的全国性考试分散到最后一学年期间进行。汉语和别的语种一样，作为第一、第二外语的口语测试分散在最后一学年中进行，如听力理解在第二学期进行，口语连贯表达在第三学期进行，学年末只进行笔试。笔试在全法国统一进行，以考查学生的书面表达和阅读理解能力。在学年中进行的测试在本校进行，由任课教师测试自己的学生。为了保证测试的客观、公平，教师必须根据教育部制定的评估标准表对学生进行测试。

以下是一外、二外和文科一外、二外的外语考试结构（见表4-5、表4-6）：

表 4-5　一外、二外外语考试结构表

外语考试结构 一外、二外语言考试：/20	
笔试部分（/20）	口试部分（/20）
第一部分：阅读理解（/10）	第一次考试：听力理解（/20）
第二部分：写作（/10）	第二次考试：口语表述（/20）
期末考	最后学年期间考

表 4-6　文科一外、二外外语考试结构表

外语考试结构 文科一外、二外语言考试：/20	
笔试部分（/20）	口试部分（/20）
第一部分：阅读理解（/10）	口语表达（/20） （必修、加强）
第二部分：写作（/10）	外语文学（/20）
期末考	期末考

三、全国统一的评估内容及评估标准表

新高考改革根据一外、二外、三外对每一部分的评估内容进行了统一。以下是具体的评估内容介绍（见表4-7、表4-8、表4-9、表4-10）。

表 4-7　一外、二外及“深化一外、二外”[①] 阅读理解评估内容及评估标准表

阅读理解 一外、二外及“深化一外、二外”		
评估方式	评估能力	
一份、两份或三份材料 信息类、描述类、叙述类或论说类材料	一外	二外
	接近 B2	接近 B1

① “深化一外、二外”相比普通一外、二外对汉语掌握程度要求更高。我们也可以将深化一外、二外理解为普通一外、二外的深入学习版。

（续表）

<table>
<tr><th colspan="3">阅读理解
一外、二外及“深化一外、二外”</th></tr>
<tr><th>评估方式</th><th colspan="2">评估能力</th></tr>
<tr><td rowspan="2">与大纲的文化概念关联
可以包含图片</td><td>辨认
识别
理解
领会</td><td>辨认
识别
理解</td></tr>
<tr><td>“深化一外”接近 C1，需要理解细节和一些隐含观点</td><td>“深化二外”接近 B2，需要领会文章意思</td></tr>
<tr><td>学年末考</td><td colspan="2">小计 10 分</td></tr>
</table>

阅读理解采用的是中文指令，回答问题则根据问题性质来决定语言的使用。一般而言，如果是信息定位类、寻找具体信息类问题须用汉语作答，而对于需要更细致的理解、解读文章观点或者是一些隐含信息类的问题则用法语作答。而“深化一外、二外”的附加问题要求一律用汉语作答。一般而言，加上资料来源和图片说明，二外的阅读理解资料包含 700 字，一外的资料则包含 900 字。至于资料中的生词，如果可行，倾向于使用已学过的词汇来释义。阅读理解不意味着逐字逐句地完全理解，而是要培养学生的阅读理解策略：信息定位；从已知推测未知；理解包含主题、话题、主要人物在内的主要信息。

表 4-8　一外、二外及“深化一外、二外”书面表达 / 写作评估内容及评估标准表

<table>
<tr><th colspan="3">书面表达 / 写作
一外、二外及“深化一外、二外”</th></tr>
<tr><th>评估方式</th><th colspan="2">评估能力</th></tr>
<tr><td rowspan="2">以一篇短文为练习的基础</td><td>一外</td><td>二外</td></tr>
<tr><td>B1—B2
（汉字门槛：505—805 字）</td><td>A2—B1
（汉字门槛：355—505 字）</td></tr>
<tr><td rowspan="2">与阅读理解所含资料的主题相关</td><td>使用正确的语言文字拟写一篇文章
组织语篇
提出论据
加以区别
说明所选立场的理由</td><td>使用正确的语言文字拟写一篇文章
组织语篇</td></tr>
<tr><td>“深化一外”接近 C1，需要复杂且深入的表达</td><td>“深化二外”接近 B2</td></tr>
<tr><td>学年末考</td><td colspan="2">小计 10 分</td></tr>
</table>

一外、二外有写作部分。在文章中，需要涉及跟资料主题有关的问题，但不要求完全理解资料。写作形式可包含：续写文章、重新塑造一个人物、编写一段对话、阐述论证，等等。写作中，对于汉字门槛之外的汉字可以允许使用拼音。对于遗忘的汉字也应书写汉语拼音（由判卷者衡量）。要求考生使用的语言正确且容易理解，句与句之间流畅连贯，表达清晰。

表 4-9　一外、二外（除文科外）听力理解评估内容及评估标准表

听力理解 一外、二外（除文科外）		
评估方式	评估能力	
一份或两份视听资料（时长 1 分半） 与大纲文化概念相连	一外	二外
	B2	B1
听 3 次，间隔 1 分钟 用法语书写所理解的内容（10 分钟） 高三学年二月份以后	理解： 最简单的思想 一些主要信息 重要的细节 说话人的态度	理解： 最简单的思想 一些主要信息
提供评估标准表格	小计 20 分	

听力考试在学校举行，由校长安排组织。视听资料须与督学协调，最终内容由系统内的教师们准备。

表 4-10　一外、二外（除文科外）口语表达评估内容及评估标准表

口语表达 一外、二外（除文科外）		
评估方式	评估能力	
准备：10 分钟 考试：10 分钟	一外	二外
	B2	B1
考生抽签选择一个已经学过的概念 介绍概念：5 分钟 与考官交谈：5 分钟 高三学年二月份以后	连贯表达 参与谈话 语言明白易懂，可被接受	
提供评估标准表格	小计 20 分	

口语由各学校校长在学区考试办协调之下在校内组织举行。学校需要提前准

备好用法语标明的文化概念及其数字代号的单子，以供考试之时抽签所用。根据所选概念，学生需要连贯表达 5 分钟，可引用已学过的相关材料中的内容以便更好地陈述所选文化主题。参与对话部分时长也为 5 分钟，考官就学生的陈述与之进行交谈，如时间允许，可就一般问题进一步交谈。

口语考试对于文科学生来说，持续时间更长，要求也更高，具体见表 4-11、表 4-12：

表 4-11　文科一外、二外必修口语表达评估内容及评估标准表

必修口语表达 文科一外、二外		
评估方式	评估能力	
准备：10 分钟 考试：20 分钟	一外	二外
	B2	B1
考生介绍所学的概念和资料 （1800—2000 字左右）	连贯表达 参与谈话 语言清晰明了，可被接受 朗读一段 3—5 行的文字	
考官选择一个概念		
介绍概念：10 分钟 与考官交谈：10 分钟		
高三期末定点定时考		
提供评估标准表格	小计 20 分	

表 4-12　一外、二外及“深化一外、二外”口语表达评估内容及评估标准表

口语表达 一外、二外及“深化一外、二外”		
评估方式	评估能力	
准备：10 分钟 考试：20 分钟	一外	二外
	C1	B2
考生选择两个学过的概念 每份材料包括两份学过的资料以及考生自己的一份材料	连贯表达 参与谈话 语言清晰明了，可被接受 朗读一段 3—5 行的文字	
考官选择一个概念		
介绍资料、解释选择：10 分钟 与考官交谈：10 分钟		
高三期末定点定时考		
提供评估标准表格	小计 20 分	

此次高考改革恪守平等原则。全法国统一制定的评估标准表等同于考卷，适用于每个考生，并作为学生档案在各学区存档。评估理念的执行是划时代的举措，它注重积极正面的评估，与以往传统的纠错模式不同，教师需要评估学生“能做到”（Can Do Statement）的，高考因此成为真正的评估标准，而非简单地打分。

评估理念对很多汉语教师，尤其是在中国接受传统教育的汉语教师来说较难理解。汉语工作组在对教师进行培训时常以真实事例进行分析，希望从根本上更新汉语教师对评估的认识。譬如，在法国某著名商校，来自英国的外语教学负责人可以连续用法语做报告 40 分钟，期间不看笔记，其发言层次分明，条理清楚，词汇量与高级法语母语者等同，无语法错误，表达能力很强。唯一的不足是，发音比较差，英语口音很浓。如果单独截取某个发音，法语母语者也恐难听懂。如果是按照旧的评估理念对该教师进行法语语言评估，他肯定无法达到 C2。然而，按照新评估理念，他就能达到最高级别的 C2，理由是他成功且出色地完成了任务，让听话者充分明白且理解他所表述的。

在此以汉语作为第三外语的口语评估为例来进一步展示高考评估内容和打分标准（见表 4-13、表 4-14）。

表 4-13　汉语作为第三外语口语评估内容及评估标准表

汉语作为第三外语口语评估内容及评估标准（必修或选修）	
评估方式	**评估能力**
准备：10 分钟 考试：20 分钟	A2
考生出示学习过的概念单	进行一段比较细致的表达 参与交谈 用基本正确的语言交谈 朗读一段 3—5 行的文字
考官选择一个概念	
介绍概念：10 分钟 与考官交谈：10 分钟	
高三期末定点定时考	小计 20 分

汉语作为第三外语的学生需要掌握两个文化概念。每个概念都有一份材料说明，每份材料由三四份不同类型的资料组成，包括文章、有文字说明的图片、照片、图表、地图，等等。每份材料包含 800—1000 字，两份材料文字总数为 1600 字左右。

表 4-14　三外口语考试评估、计分标准表

三外口语考试评估、计分标准表	
文、理科：	语言：
学期：	学区：
学生姓名：	
学校名称：	城市：
根据学生完成任务的表现在下面三栏中进行圈画，给予每栏所指定的分数（不能按十进制进行添加或减少）：从 0（完全没有口语表达）到 6 或 8 分。	

A 连贯表达		B 参与对话		C 语言的清晰准确	
一级		一级		一级	
短句，一成不变的句式，中途停顿，零星、不成文的发言	2 分	可简单参与，但交流仅限重复和重新组句	2 分	用部分让人明白的语言进行表达	2 分
二级		二级		二级	
能对所介绍的话题进行简单、较短的陈述	5 分	能简单回答、回应	5 分	虽然词汇有限并有语法错误，但其表达能让人明白	6 分
三级		三级		三级	
能从所介绍的话题中提取内容，能用不同的句式进行陈述	6 分	能参与交流	6 分	用整体上正确的语言进行表达	8 分
分数 A 连贯表达	/6	分数 B 参与对话	/6	分数 C 语言的清晰准确	/8
评语： 学生分数：A+B+C =　/20					

（来源：Bulletin Officiel N.43 du 24 novembre, 2011）

从表 4-13、表 4-14 我们可以更清晰地看到法国中等教育对外语语言交际能力的重视程度，学生正是改革中真正的受益者，因为语言学习的一大目的正是灵活运用这门外语进行有效的交际。

在全国统一的评估表格中，评委老师需要按照学生所达到的能力标准圈画每栏已定的分数，不能添加其他分数，然后将三项分数相加，填写总分即可。很多汉语教师难以理解为何不能自由地添加或减少分数，因为很多学生处于“比上不足，比下有余”的状态。这里尤其需要指出的是，能力评估模式起源于职业教育，需要根据预先制定好的水平要求对技师进行测试。当我们检验技师的技术能力时，以预先制定好的水平为标准，掌握技能的标准就是技师能够展示其拥有的技能和知识，完成所指定的任务，否则就是没有掌握技能。在对学生进行语言能力评估时，同样需要参照预先制定好的能力标准，能够完成任务就是掌握技能、评估合格，任务没有完成就意味着学习者没有掌握相关语言能力。对很多汉语教师而言，理解并接受新的评估理念意味着推翻传统的打分模式，不再根据学生没有掌握的知识扣分，而是评估学生能够做到的，这本身也是对自身理念的一种挑战。

高考改革使评估理念成为汉语教师必须面对的话题。教学评估不仅包括以标准化考试为代表的终结性评估，也包括以学习为目的、注重学习过程的形成性评估。在具体的教学实践中，以阶段性测试的结果为依据评判教学和学习成果会有失公正性和全面性，而形成性评估常常是很多教师忽略的地方，后者能够更加全面体现学习者在学习过程中的学习行为，通过积极正面的词语体现学习者在不同学习阶段的进展，对学生的情感、态度和策略等方面的发展做出积极正面的评价。同时，"欧框"也很重视学生的自我评估，学生的自我评估同样使用"我能……"这一积极的表达促进学生进行反思从而意识到自身的不足，朝着与之相对应的能力标准努力。在汉语教学中，终结性评估和形成性评估相结合才能对教师教学和学生学习的完成情况进行全面评估。高考改革推动了积极正面的评估理念，这对"欧框"的评估标准起到了积极的推动作用。

四、新教学模式

新高考模式推出之后，传统的教学模式开始发生改变。初一汉语教师从长远出发，开始关注学生的听说能力。真正意义上的听力理解（指听录音，根据录音回答问题）开始进入课堂，而不仅限于在互动中展开的听力理解。法国各个学区积极采取措施配合教育部的改革，为了帮助教师对听力理解的水平和内容有具体真实的了解，凡尔赛（Versailles）学区网（www.audio-lingua.eu）推出了十几个语种的简短录音。中文录音都围绕着中国文化和现状展开，每段录音长度为一分半钟左右，根据水平分级，如 B2、B1、A2，配有简介，能帮助教师直观理解掌握学生所需要达到的水平。

此外，教师在课堂上越来越关注学生的语言互动能力和运用各种知识完成任务的能力。结合高考改革新举措，各种行之有效的教学方法正在付诸实践，比如戏剧教学法和任务型教学法等。戏剧教学法并非课堂上简单的角色表演，它更重视服装、动作、台词的真实到位，准备的时间更充分，学生能真正地融入到角色中，在身临其境的场景里能更好地体会汉语的语感。通过充分准备并实际应用的词汇更容易让学生记忆深刻。任务型教学法从学习者出发，重视对交际能力、语言技能、认知策略、分析问题、解决问题等能力的培养，其核心思想是要模拟人们在日常生活中运用语言所从事的各类活动，把目标语与学习者的日常生活结合起来。汉语高考改革关于四个文化概念的真实教学资源中，在能够运用任务型教学法的时候，也明确地给出教师建议以及如何具体展开任务活动。高考改革充分发挥了汉语教师的潜能，各种生动、有效的教学方法正在生机勃勃地展开。

五、新学习模式

高考改革促使教师对教学方法进行了调整，同时学生也需要调整学习方法与之相适应。高考改革规定，对第一、第二外语都需要考查五项言语能力，文化作为切入点。这就意味着学生平常的知识积累和能力培养至关重要，临阵磨枪的学习态度必将被淘汰。很多学生选择同时学习三门外语，因此从三种不同的文化角度去探讨同一个话题对学生思维能力的培养起到了巨大的推动作用。在学习中提高自身的语言交际能力是学生学习的最终目标，在教师开展各种语言活动时，学生的积极参与必不可少。越来越多的汉语教师借助高科技手段将课堂内容制作成MP3、MP4的形式供学生随时收听，这就更需要学生积极主动地配合。文化概念是高考的切入点，这同时也给予了学生更大的自主性，比如谈论中国妇女地位的变化、北京的历史地位、海外华人的爱国情结及中国传统在国外的延续等话题，都需要学生课前查询很多资料，做充分的准备，这同时也训练和培养了学生归纳总结的能力。另外，任务型教学法和戏剧教学法等方法以学生为中心，为他们提供了发挥积极性、主动性的空间，培养了学生的参与意识和团体协作精神。高考改革促使学生的学习更加灵活，对自身语言能力、参与对话能力、思维能力、归纳总结能力和团体协作精神都起到了重大的推动作用。

第五章　法国汉语师资认证会考与汉语教师培训

第一节　法国汉语师资认证会考

一、历史背景

法国是一个典型的重视资格考试的国家。1766 年，法国就创立了特级师资合格会考（agrégation）制度。这是一项延续至今的高水平的选拔性考试，优胜者会成为法国高中、预科班或者大学的教师。18 世纪末，法国创办了第一所师范学校[①]，后经政府更迭，几经改组、关闭；1808年，根据拿破仑一世的帝国赦令予以重建；1810 年开始招生，成为培养国立中学（lycée）教师的学校，旨在为拿破仑王朝培养社会精英。1833 年，法国大力推广师范学校体制以培养小学师资，并建立学校教师国家会试制度，成为传统师范教育的基本模式。1879 年，法国为了准备实施义务教育[②]，要求各大区（région）设立男、女师范学校各一所。1950 年，法国中学教师资格会考（CAPES）创立。1991 年，法国开展了师资培养改革，法国师范学校归并为 31 所教师培育学院（les instituts universitaires de formation des maîtres，简称 IUFM），纳入高等教育体制，中小学教师合在一起培养。

法国中小学教师无论在公立学校还是在义务教育阶段的私立学校[③]，都属于公务员，享受公费待遇。师范学校的法文名称是“école normale”，其中“normale”一词就有“标准的、规范的”之义，与“楷模”相关。此外，法国的高等师范学院集教学与研究为一体，专以培养学术精英而享誉世界。

2013 年，教师培育学院被新成立的高等教师与教育学院（école supérieure du professorat de l’éducation，简称 ESPE）所取代，在全法 31 个学区各设立一所，附属于各个大学，专门培育法国基础教育、高等教育中的教师，并新设置了“教

① 巴黎高等师范学院的前身。
② 1881 年，法国开始实施 6—13 岁儿童的免费义务教育。
③ 大部分为天主教会早期创立。

学、教育与专业培育”硕士文凭（métiers de l’enseignement, de l’éducation et de la formation，简称 MEEF）。

经过此番改革，有两大变化尤其值得关注：

第一，以前参加中学教师资格会考的最低文凭要求为学士，特级师资合格会考则为硕士（maîtrise）一年级。改革后，无论是中学教师资格会考还是特级师资合格会考，最低文凭要求均为硕士。全法各学区的高等教师与教育学院招收大学硕士毕业生，专门培育中学教师。即便有些在读硕士成功通过中学教师资格会考，也须等到该考生获得硕士文凭，会考才真正有效。

第二，以往的元初培训都是由教师培育学院负责的。教师培育学院虽然也属于高等教育体系，却是独立于大学之外的，因此与大学没有任何的归属关系。改革以后，高等教师与教育学院只负责讲授一般教学法、教育手段等课程，而专业课程内容则由相应的大学负责。大学在培训中起到统筹领导作用，高等教师与教育学院则处于附属地位。

二、法国学区划分

法国现有学区的划分，基本参照大区划分标准。原则上一个大区只有一个学区，因巴黎、里昂、马赛几个大城市所在大区人口多，学校集中，故学区数目有所增加：巴黎大区分成 3 个学区，里昂、马赛所在大区各分成 2 个学区。法国现共有 31 个学区，其中本土 26 个，海外 5 个。

三、法国中等汉语教师资格会考与特级师资合格会考

在法国，报考中学教师资格会考的考生须具备欧盟国家国籍。依个人志愿，可选考小学教师资格考试（Certificat d’aptitude au professorat des écoles）或以下数种中等教师资格考试：

- **中等教师资格会考**（Certificat d’aptitude au professorat de l’enseignement secondaire，简称 CAPES） 在初、高中教授文科或理科教师
- **技术教师资格会考**（Certificat d’aptitude au professorat de l’enseignement technique，简称 CAPET） 在初、高中教授技术类科教师
- **体育教师资格会考**（Certificat d’aptitude au professorat de l’éducation physique et sportive，简称 CAPEPS） 包括初中与高中体育教师

- **高职一年级教师资格考试**（Certificat d'aptitude au professorat de lycée professionnel 2ème grade，简称 CAPLP2） 在高职中教授普通科目或职业科目教师
- **中等私立学校教师资格考试**（Concours d'accès aux listes d'aptitude aux fonctions des maîtres de l'enseignement privé，简称 CAFEP） 适用于法国教育部所认可的私立中等教育学校

除了这些中学教师资格会考，法国还有特级师资合格会考。有了特级师资合格会考，特级教师（professeurs agrégés）才有机会在预科班任教或被调到大学任教（PRAG）。特级教师的待遇及专业声望跟持有一般证书的教师（CAPES）显然有若干差异。特级师资合格会考是存在两百余年的制度，声誉崇隆，金榜题名者不但被优先分配到预科班或高中，而且代表一种社会身份。根据统计，高等师范学院的学生特级师资合格会考通过率要比其他学校高。特级教师一周的课时为 15 个小时，而持有一般证书教师的课时则为 18 个小时。

通过以上各种教师资格考试者将以实习公务员身份边授课边学习各种教学理论与方法，毕业后即取得正式教师资格。

法国第一届特级师资合格会考于 1766 年举行，而第一届特级汉语师资合格会考则于 1999 年举行。法国第一届中等教师资格会考于 1951 年举行，中等汉语教师资格会考则于 1966 年举行。

第一届（1966 年）与第二届（1967 年）中等汉语教师资格会考①都仅有一位优胜者，分别是赫美丽（Martine Hémery）与毕霞（Violette Bissat）。这一事件是具有历史意义的，因为仅仅通过参加汉语教师资格考试成为中学教师，便可享有国家公务员待遇，这在世界上是独一无二的。随后，受“文革”的影响，这一会考被取消。1973 年，法国一些知名汉学家向法国教育部致公开信，要求恢复这一会考。1974 年，第三届会考②得以举行，优胜者为杜特莱（Noël Dutrait）、罗肯（Corinne Lochen）以及梅慧思（Catherine Meuwese）。1975 年第四届的优胜者为杜菲尔（Edith Dauvert）、康多（Philippe Kantor）等人。随着汉语教学在法国的快速发展，汉语教师的需求也持续上升。2010 年，成功通过各种汉语教师资格会考的人数达到 21 人。2013 年至今，全法每年都有 30 个中学汉语教师职位，会考通过率比其他专业要高。

---

① 在蒙日隆中学举行，评委主席由谢和耐（M. Gernet）担任，评委包括于儒伯（M. Ruhlmann）及李平（Pénélope Bourgeois）。
② 评委主席是吴德明（M. Hervouët），评委由艾梅里（Martine Hémery）、雷威安（André Lévy）、李平（Pénélope Bourgeois）组成。

四、法国中等汉语教师资格会考大纲与样题

在法国，传统的外语教师资格考试大纲会提前公布四部外语文学作品，中文作品如《水浒传》、莫言或余华的某部小说等，这就使得某些研究中国古代或现当代文学的考生比其他考生更有优势，同时也会使考生只注重这四部作品的学习，而忽视了对中国文化常识的掌握。2013 年，新高考方案推出的四个文化概念（神话和英雄、空间和交流、政权所在地与政权形式、进步的理念）开始取代法国中学教师资格考试所规定的四部文学作品。这一措施的实施是对外语教师资格会考的重大改革，使得教师资格会考职业化，促使外语教师掌握更全面的文化知识，从更高层面去领会掌握文化的精髓。四个文化概念对外语教师资格考试“四部曲”的取代再次彰显了法国外语教学对文化的重视。

法国中等汉语教师资格会考分为笔试与口试两大部分。以下为 2017 年会考笔试部分的大纲：

- **中学教学大纲中的两个文化概念：**

（1）神话和英雄：英雄人物及其化身；

（2）生活在一起的艺术：建立在不同人际关系模式上的过去、现在与未来，传统社会的演化或社会关系的重新定义，集体价值与个人价值的共存。

- **外语文学大纲中的两个主题：**

（1）不同时代的作家：行动、抵抗、违反、嘲讽、幽默；

（2）想象与虚构：离奇、荒诞、科幻。

法国中等汉语教师资格会考笔试由两大部分组成：写作与翻译。两部分考试时间均为 5 小时，各占 2 个分值系数。以下为 2016 年会考笔试样题：

第一部分：写作

要求：请联系“空间和交流”文化概念中的“华人世界、文化圈”这个主题，综合论述并分析以下两篇文章的内容及风格。

第一篇文章：

中国人，你为什么不生气？

龙应台

（具体内容略）

第二篇文章：

沉默的大多数

王小波

（具体内容略）

第二部分：翻译

现在我才想到，当年我总是独自跑到地坛去，曾经给母亲出了一个怎样的难题。

她不是那种光会疼爱儿子而不懂得理解儿子的母亲。她知道我心里的苦闷，知道不该阻止我出去走走，知道我要是老呆在家里结果会更糟，但她又担心我一个人在那荒僻的园子里整天都想些什么。我那时脾气坏到极点，经常是发了疯一样地离开家，从那园子里回来又中了魔似的什么话都不说。母亲知道有些事不宜问，便犹犹豫豫地想问而终于不敢问，因为她自己心里也没有答案。她料想我不会愿意她跟我一同去，所以她从未这样要求过，她知道得给我一点独处的时间，得有这样一段过程。她只是不知道这过程得要多久，和这过程的尽头究竟是什么。每次我要动身时，她便无言地帮我准备，帮助我上了轮椅车，看着我摇车拐出小院；这以后她会怎样，当年我不曾想过。

有一回我摇车出了小院；想起一件什么事又返身回来，看见母亲仍站在原地，还是送我走时的姿势，望着我拐出小院去的那处墙角，对我的回来竟一时没有反应。待她再次送我出门的时候，她说："出去活动活动，去地坛看看书，我说这挺好。"许多年以后我才渐渐听出，母亲这话实际上是自我安慰，是暗自的祷告，是给我的提示，是恳求与嘱咐。只是在她猝然去世之后，我才有余暇设想。当我不在家里的那些漫长的时间，她是怎样心神不定坐卧难宁，兼着痛苦与惊恐与一个母亲最低限度的祈求。现在我可以断定，以她的聪慧和坚忍，在那些空落的白天后的黑夜，在那不眠的黑夜后的白天，她思来想去最后准是对自己说："反正我不能不让他出去，未来的日子是他自己的，如果他真的要在那园子里出了什么事，这苦难也只好我来承担。"在那段日子里——那是好几年长的一段日子，我想我一定使母亲作过了最坏的准备了，但她从来没有对我说过："你为我想想。"事实上我也真的没为她想过。那时她的儿子，还太年轻，还来不及为母亲想，他被命运击昏了头，一心以为自己是世上最不幸的一个，不知道儿子的不幸在母亲那儿总是要加倍的。她有一个长到二十岁上忽然截瘫了的儿子，这是她唯一的儿子；她情愿截瘫的是自己而不是儿子，可这事无法代替；她想，只要儿子能活下去哪怕自己去死呢也行，可她又确信一个人不能仅仅是活着，儿子得有一条路走向自己的幸福；而这条路呢，没有谁能保证她的儿子终于能找到。——这样一个母亲，注定是活得最苦的母亲。

（史铁生：《我与地坛》节选）

1）说明"才"在以下句子中的意思并给出理由。

- 现在我**才**想到，当年我总是独自跑到地坛去，曾经给母亲出了一个怎样的难题。
- 许多年以后我**才**渐渐听出，母亲这话实际上是自我安慰……
- 只是在她猝然去世之后，我**才**有余暇设想。

2）提出几个"才"的教学方案。

法国中等汉语教师资格会考口试分为两场。口试旨在评估考生表达的清晰度与准确性，对本学科涉及的科学、教学、认识论、文化和社会问题的思考能力，尤其需要将这种思考置于与其他学科联系之中。

第一场 职场模拟

准备时间为 3 小时，口试时间 1 小时，由两部分内容组成，均包含 20 分钟的自我陈述以及 10 分钟的与评委交谈，共占 4 个分值系数。

由评委提供一份涉及初、高中教学大纲中的概念或主题的资料。资料会以不同形式出现：文章、图片、音像视频、教材节选、学生作业等。第一部分面试语言为汉语。首先由考生作自我陈述，介绍相关文件并阐释相互关系，再与评委进行交流，期间考生将进一步说明其陈述理由并引用相关论据。

第二部分首先要求考生探讨这些资料在语言能力、文化兴趣上的应用或者在特定教学活动中实现的不同言语活动中的教学应用。随后，评委与考生交谈，需要进一步对其所述及的教学应用阐述说明。该部分面试语言为法语。

每部分均占一半分数，在评估中，考生的法语及汉语的表达能力都会考量在内。

第二场 就特定材料与评委交谈

准备时间为 2 小时，面试时间 1 小时，由两部分组成，每部分不超过 30 分钟，共占 4 个分值系数。

第一部分的面试材料是由评委提供的一份与中学汉语教学大纲中的一个文化概念相关的真实的音频或视频文件。文件语言为汉语，考生用汉语对该材料进行介绍并分析其重要性。

第二部分的面试材料则是由评委提供的与第一部分所涉及的文化概念相关的一些学生笔头或口头作业，以及特定教学情境与制度背景下的一些材料。这一部分的面试语言为法语。评委通过考生对学生作业与附加材料的分析，来考查考生衡量学生习得与需求、呈现未来职业行为条件多样性、全面了解不同背景（班级、教学团队、学校、教育机构、社会）及其所代表的价值的能力。

每一份音频、视频文件以及学生口语表达的录音材料都不会超过 3 分钟。

两场面试中，考生的语言质量是纳入在每一部分的考量之中的。

五、法国特级汉语师资合格会考大纲与样题

2017 年的法国特级汉语师资合格会考大纲如下：

第一部分：中国文学史与中国文化

（1）李贽及其著作《焚书》

该著作被认为集多种文体（书信、笔记、评论、序言、诗歌）于一身，是李贽的主要著作之一。李贽是明末的哲学家、作家、史学家，其以独立的思想、反传统观念、贬斥儒家程朱理学思想道德著称。尤其需要思考作者及《焚书》一书在中国思想史上的独特地位。

（2）20 世纪的女性写作

女性作家在 20 世纪的中国文学史上占据着与男性同行一样重要的地位。自中国现代文学之初，她们的声音开始为世人倾听，并随着 20 世纪革命、政治运动、文学哲学论战的不断推进被进一步承认。在 20 世纪的上半叶有两位重要人物：关注革命和社会题材，致力于女性自我

解放的作家庐隐（1988—1934）和在写作中抛弃一切意识形态倾向的小说家张爱玲（1920—1995）。在20世纪末期，中国文学以碎片化、怀疑和颠覆为特征。这一时期著名的女性作家为：林白、陈染。通过对上述四位在20世纪20、40、90年代具有代表性的女性作家的研究，可以探索20世纪中国文学史中女性作家的独特性：意识形态特点、主观性表达、叙述中传记或自传成分的应用等。也可以进一步探寻她们写作中的多义性、特定历史背景下的女性直觉以及现代作品中的碎片性。

（3）中华人民共和国第一阶段（1949—1976）

这一阶段是共产主义社会制度下的第一个发展阶段。1949年至1956年期间发生了一些旨在改造中国社会，使之从落后、苦难中解脱出来的重要变化。紧接着，在冷战、中苏发生分歧这一背景下，中国领导人在今后中国该走哪条路上产生了不同意见。随后的“大跃进”以及“文革”，给中国带来了灾难。这一阶段的发展轨迹不是线性的，历经了政权的转变、重组。

第二部分：汉语语言

（1）汉字

（2）现代汉语语法

第三部分：文言文

（1）《墨子》：《亲士》、《修身》、《尚贤》上、《尚贤》中、《尚贤》下、《尚同》上、《尚同》中、《尚同》下、《兼爱》上、《兼爱》中、《兼爱》下、《非攻》上、《非攻》中、《非攻》下、《非儒》

（2）李贽《焚书》：第1—4卷

法国特级汉语师资合格会考也分为笔试和口试两大部分，其中笔试共分四部分，以下为2016年会考样题：

第一部分：用法文论述（考试时间：6小时）

自1980年至今新现实主义小说中虚构的新概念

第二部分：用汉语评论文章（考试时间：6小时）

（具体内容略）

第三部分：汉语语言学（考试时间：3 小时）

用法语介绍并分析以下内容：

（1）汉字演变

（2）现代汉语中的介词短语

（3）现代汉语中的存在句

第（2）、（3）题引用的例子须标注拼音并加上法语翻译。

第四部分：翻译（考试时间：7 小时）

（1）法译汉

Peu d'Européens aiment la musique chinoise. Cependant, Confucius, qui n'était pas un homme porté à l'exagération, tant s'en faut, fut tellement pris par le charme d'une mélodie qu'il resta trois mois sans pouvoir manger.

Je serais plus modéré, mais sauf certaines mélodies bengali, je dois dire que c'est la musique chinoise qui me touche le plus. Elle m'attendrit. Ce qui gêne surtout les Européens, c'est l'orchestre fait de fracas, qui souligne et interrompt la mélodie. Cela, c'est proprement chinois. Comme le goût des pétards et des détonations. Il faut s'y habituer. D'ailleurs, chose curieuse, malgré ce formidable bruit, la musique chinoise est tout ce qu'il y a de plus pacifique, pas endormie, pas lente, mais pacifique, exempte du désir de faire la guerre, de contraindre, de commander, exempte même de souffrance, affectueuse.

Comme cette mélodie est bonne, agréable, sociable. Elle n'a rien de fanfaron, d'idiot, ni d'exalté, elle est tout humaine et bon enfant, et enfantine et populaire, joyeuse et « réunion de famille ».

(A ce propos, les Chinois disent que la musique européenne est monotone. « Ce ne sont que des marches », disent-ils. En effet, ce qu'on trotte et ce qu'on claironne chez les Blancs.)

Et de même que certaines personnes n'ont qu'à ouvrir un livre de tel auteur et se mettent à pleurer sans savoir pourquoi, de même quand j'entends une mélodie chinoise, je me sens soulagé des erreurs et des mauvaises tendances qu'il y a en moi et d'une espèce d'excédent dont chaque jour m'afflige.

Mais il y a un charme, non pas plus grand, mais plus constant peut-être, c'est la langue chinoise parlée.

Comparées à cette langue, les autres sont pédantes, affligées de mille ridicules, d'une cocasserie monotone à faire pouffer, des langues de militaires. Voilà ce qu'elles sont.

La langue chinoise, elle, n'a pas été faite comme les autres, forcée par une syntaxe bousculante et ordonnatrice. Les mots n'en ont pas été construits durement, avec autorité, méthode, redondance, par l'agglomération de retentissantes syllabes, ni par voie d'étymologie. Non, des mots d'une seule syllabe, et cette syllabe résonne avec incertitude. La phrase chinoise ressemble à de faibles exclamations. Un mot ne contient guère plus de trois lettres. Souvent une consonne noyante (le n ou le g) l'enveloppe d'un son de gong.

Enfin, pour être encore plus près de la nature, cette langue est chantée. Il y a quatre tons en langue mandarine, huit dans les dialectes du Sud de la Chine. Rien de la monotonie des autres langues. Avec le chinois, on monte, on descend, on remonte, on est à mi-chemin, on s'élance.

Elle reste, elle joue encore en pleine nature.

(Henri Michaux, *Un barbare en Asie*, 1933)

（2）汉译法

麦子黄了，大地再也不像大地了，它得到了鼓舞，精气神一下子提升上来了。在田垄与田垄之间，在村落与村落之间，在风车与风车、槐树与槐树之间，绵延不断的麦田与六月的阳光交相辉映，到处洋溢的都是刺眼的金光。太阳在天上，但六月的麦田更像太阳，密密匝匝的麦芒宛如千丝万缕的阳光。阳光普照，大地一片灿烂，壮丽而又辉煌。这是苏北的大地，没有高的山，深的水，它平平整整，一望无际，同时也就一览无余。麦田里没有风，有的只是一阵又一阵的热浪。热浪有些香，这厚实的、宽阔的芬芳是泥土的召唤，该开镰了。是的，麦子黄了，该开镰了。

庄稼人望着金色的大地，张开嘴，眯起眼睛，喜在心头。再怎么说，麦子黄了也是一个振奋人心的场景。经过漫长的、同时又是青黄不接的守候之后，庄稼人闻到了新麦的香味，心里头自然会长出麦芒来。别看麦子们长在地里，它们终究要变成觅子、馒头、疙瘩或面条，放在家家户户的饭桌上，变成庄稼人的一日三餐，变成庄稼人的婚丧嫁娶，一句话，变成庄稼人的日子。是日子就不光是喜上心头，还一定有与之相匹配的苦头。说起苦，人们时常会想起一句老话：人生三样苦，撑船、打铁、磨豆腐。其实这句话不是庄稼人说的，想一想就不像。说这句话的一定是城里人，少说也是镇子里的人。他们吃饱了肚子，站在柜台旁边或剃头店的屋檐下面，少不了说一两句牙疼的话。牙疼的话说白了也就是瞎话。和庄稼人的割麦子、插秧比较起来，撑船算什么？打铁算什么？ 磨豆腐又算得了什么？麦子香在地里，可终究是在地里。它们不可能像跳蚤那样，一蹦多高，碰巧又落到你们家的饭桌上。你得把它们割下来。你得经过你的手，一棵一棵地，把浩浩荡荡的麦子割下来。庄稼人一手薅住麦子，一手拿着镰刀，他们的动作从右往左，一把，一把，又一把。等你把这个动作重复了十几遍，你才能向前挪动一小步。人们常用一步一个脚印来夸奖一个人的踏实，对于割麦子的庄稼人来说，跨出去一步不知道要留下多少个脚印。这其实不要紧，庄稼人有的是耐心。但是，光有耐心没有用，最要紧的，是你必须弯下你的腰。这一来就要了命了。用不了一个上午，你的腰就直不起来了。然而，这仅仅是一个开始。当你抬起头来，沿着麦田的平面向远方眺望的时候，无边的金色跳荡在你的面前，灼热的阳光燃烧在你的面前，它们在召唤，它们还是无底的深渊。这哪里是劳作，这简直就是受刑。一受就是十多天。但是，这个刑你不能不受，你自己心甘情愿。你不情愿你的日子就过不下去。庄稼人只能眯着眼睛，张大了嘴巴，用胳膊支撑着膝盖，吃力地直起腰来，喘上几口气，再弯下腰去。你不能歇。你一天都不能歇，一个早晨的懒觉都不能睡。每天凌晨四点，甚至是三点，你就得咬咬牙，拾掇起散了架的身子骨，回到麦田，把昨天的刑具再捺起来，套回到自己的身上。并不是庄稼人贱，不知道体恤自己，不知道爱惜自己，不是的。庄稼人的日子其实早就被老天爷控制住了，这个老天爷就是“天时”。圣人孟老夫子都知道这个。他在几千年前就坐着一辆破牛车，四处宣讲“不误农时”，说的就是这个意思。“农时”是什么？简单地说就是太阳和土地的关系，它们有时候离得远，有时候靠得近。到了近的时候，你就不能耽搁。你耽搁不起，太阳可不等你。麦收的季节你要是耽搁下来了，你就耽误了插秧。耽搁了插秧，你的日子就只剩下一半了，过不下去的。所以，庄稼人偷懒了可不叫偷懒，而叫“不识时务”，很重的一句话了，说白了就是不会过日子。都说庄稼人勤快，谁勤快？谁他妈的想勤快？谁他妈的愿意勤快？都是叫老天爷逼的。说到底，庄稼人的日子都被“天时”掐好了生辰八字。天时就是你的命，天时就是你的运。为了抢得“天时”，收好了麦子，庄稼人一口气都不能歇，马上就要插秧。插秧就更苦了。你的腰必须弯得更深。你的身子骨必须遭更大的罪。差不多就是上老虎凳了。所以说，一旦田里的麦子黄了，庄稼人望着浩瀚无边的金色，心里头其实复杂得很。喜归喜，到底也还有怕。这种怕深入骨髓，同时又无处躲藏。你只能梗着脖子，迎头而上。当然，谁也没有把它挂在嘴唇上。庄稼人说不出“人生三样苦，撑船打铁磨豆腐”那样漂亮的话来。说了也是白说。老虎凳在那儿，你必须自己走过去，争先恐后地骑上它。

（毕飞宇：《平原》第一章节选）

法国特级汉语师资合格会考口试分为三部分。在口试过程中，考官除了就口试题目及与学科相关的内容提问之外，也会就考生作为未来公共教育机构的一分子所应具备的能力进一步提出问题，来考查考生衡量学生习得与需求、呈现未来职业行为条件多样性、全面了解不同背景（班级、教学团队、学校、教育机构、社会）及其所代表的价值的能力。口试准备中，汉语词典或字典是允许使用的。

第一部分：概括与汉语文章评论

这一部分准备时间为 2 小时，面试时间最长为 45 分钟，包括至多 30 分钟对文本的陈述和评论以及至多 15 分钟的与评委交谈。面试语言为汉语，此部分共占 3 个分值系数。

考生在准备过程中，可以使用一些包括字典、百科全书之类的工具书，这些书目都会提前公布。在陈述过程中，考生对所有的材料进行解读，尤其需要指出不同材料之间的联系及相互阐释的地方。

第二部分：法语授课与评委交流

此部分的准备时间为 2 小时，口试时间不超过 45 分钟，包括至多 30 分钟的讲课以及至多 15 分钟的与评委交流。这一部分占 3 个分值系数。

法语授课是围绕大纲中的一个问题进行的。考生一共有四个选项，即：文化、语言学、现代文学、古典文学。考生在注册考试时已提前做了选择。

第三部分：翻译文言文、与评委交流

此部分的准备时间为 2 小时，考试时间也不能超过 45 分钟，包括至多 30 分钟的翻译并进行评述、至多 15 分钟的与评委交流。所涉及的文言文选自会考大纲中所列的文章。

第二节　法国汉语教师培训

一、语言教师培训及独具特色的法国汉语教师培训

1. 语言教师培训之意义

语言教学中的“三教”是指教材、教法、教师，三者之间相辅相成，互相影响。其中教师是“三教”之灵魂所在，且最具能动性，不仅影响教材的编写，也决定教法的具体实施。学生在学习中从感知、理解、记忆到应用、扩展这些过程的实现也同样依赖于教师的各种综合能力。因此，如何对语言教师进行必要的培训是至关重要的。

语言教师所接触的学习者往往各不相同：不同年龄、不同知识背景、不同学习动机、不同需求与目标。教学对象越是表现出多样性，教学方法和手段越应该多元化，课堂控制和管理也充满着多变性和偶然性。这就要求教师要灵活适应自己所处的教育情境，而这种适应性往往是无法从教师的学业知识背景中获取的，需要在教学实践中不断摸索，通过培训才能够完善。在不少国家，个人

培训已成为一种权利，只有通过培训才能从根本上改变、纠正和更新教师的教学行为。

2. 元初培训与继续培训

教师培训可分为“元初培训”和“继续培训”两大类型。不明确区分这两类培训，甚至将两者混为一谈是现行汉语教师培训误区之一。这两类培训的对象不同，所以培训内容及侧重点也有所不同。“元初培训”的培训对象是没有接受过汉语教学基础知识培训的人员，他们在对外汉语教学领域初始能力基本为零。而“继续培训”的培训对象指的是接受过“元初培训”，并且已积累了一定教学经验的教师。

3. 教师培训方式

教师培训的方式很多，概括起来主要有以下几种：专家讲座、学术讨论会、教学培训班、网络课堂。

专家讲座通常的形式是某位专家就某一个专题进行演讲，可以是对外汉语教学某一领域理论的宏观研究，也可以是依托某套教材阐发出的具体教学方法。培训时间比较短，一般持续一天或者两天。

学术讨论会指的是以某大学牵头组织一个学术讨论会，每个讨论会都会有一个中心议题，并根据中心议题阐发出一些研究主题，参与会议的教师、学者需要提交会议论文，论文（或论文摘要）只有通过会议的专家组审核，他们才可以参加会议。会议一般设有主会场和分会场，在主题讲座之后进行分会场的分组讨论。虽然讨论会的议题不一定和教师培训有关，但是讨论会这种形式本身其实就是学者、教师之间相互交流学习和自我培训的机会。

教学培训班也是在中国和法国比较普遍的培训形式，中国很多大学和培训机构都开设了面对面的培训班。在法国的中学教育中，真正的汉语教师继续培训机制始于 2005—2006 学年。这些短期培训面向每个学区的正式教师及非正式教师，每年培训为期两天。这些培训被纳入《学区培训计划》，从而实现了完全的制度化。培训师是从汉语督学组、资深汉语教师或者其他外语的培训师中招聘而来的。这种培训方式注重互动和教师的主动参与。参与形式通常为一些个人练习或三四人组成的小组活动。这些练习最后会由培训师汇总，进行分析总结。此类培训通常会进行实际的课堂模拟练习。在高等教育中，至今都没有专门为汉语教师准备的专业培训。法国汉语教师协会自 20 世纪 80 年代创立至今在汉语教师培训上扮演了重要的角色。在汉语教学督学团队还没有真正形成之前，协会利用每年的全体大会对教师进行培训。

网络课堂是新兴的培训形式，学习者可以通过网络选择培训内容，听名师讲课，看学者座谈，形式比较多样，内容也可以根据自己的需求自由选择，多样组合，因此学习者时间和空间的自由度都比较大。

4. 法国汉语教师培训及其特点

和世界总的趋势一样，近年来法国汉语教学处于蓬勃发展阶段。从法国的师资来看，主要有以下两类：一类是法国的本土教师（包括汉语母语者和汉语非母语者，他们身上带有各自教育文化传统的烙印），另一类是中国派到海外的教师。法国汉语教学的蓬勃发展促使法国国民教育部不断增设汉语教学的正式职位，15 年前每年只增加 1—2 个教师名额，目前每年增加 20 个，正式在职的中学汉语教师人数也从 2004 年的 130 余人增加到目前的 600 余人。中国派到法国任教的教师也逐年增长，分布在法国 20 多个城市。

在法国，直到 2004 年 3 月 26 日[①] 还没有汉语师资在职进修的机构。正是从 2005 年起，法国开始举办汉语教师培训。在此之前，法国汉语教师协会在这一领域扮演过重要角色。

2011 年以后，法国汉语教师协会每年 6 月底或 7 月初都在蒙达尔纪森林中学举行全法汉语教师培训研讨会，为期两天。此外，与南京大学共建的阿尔多瓦大学孔子学院在汉语教师培训方面也做出了很大的贡献。除了承办法国国民教育部组织的北部地区汉语教师年度培训之外，阿尔多瓦大学孔子学院还与汉语督学们合作，每年举办 1—2 次的欧洲孔子学院汉语教师培训。

值得一提的是，欧洲汉语教学协会于 2015 年在法国巴黎正式成立。这一协会的成立无疑为欧洲各国的汉语语言文化协会和专业人士提供了一个相互交流与合作的平台。同时，随着师资培训需求的不断增加，欧洲汉语教学协会也将致力

① 即法国全国汉语教学研讨会举行的日期。

于汉语教师的继续培训。目前，协会已经开始着手调研欧洲汉语教学现状，并将拟定培训师名单，以期开展定期的教师培训。

与在法国教授的英语、西班牙语、德语一样，法国的汉语教学属于外语教学，隶属于法国本土的外语教学体系。因此，在法国进行汉语教师培训的时候，倾向于借鉴其他外语教学的模式，并吸收外语教学各方面的科研成果。

从培训的形式来看，法国汉语教师培训主要以互动讲座培养技能这一方式为主。从培训的题目来看，基本涵盖了汉语教学的方方面面。从历次的培训内容我们可以看出法国汉语教师培训关注的重点（见表 5-1）：

表 5-1 法国汉语教师培训情况表

培训内容	培训题目
教学实施	"欧框"及其在学习、教学、评估上的运用 任务型教学法材料的多样化 任务型教学法 有关高考汉语笔试、口试的问题
课堂教学	课堂上的直接法教学 汉语大纲的应用 汉语课堂上的口语训练 语言课上的图片使用方法 课堂用语的使用
教育技术	多媒体的使用 多媒体实验室 互动白板 播客教学
课堂管理与师生交流	课堂管理 教师与学生之间的关系 语言助教及其在课堂上的角色 课堂管理以及与学生的关系 激发学生的动机

法国的汉语教学培训很重视教学技能、教学实施和教育技术应用能力的培养和提高，同时对课堂教学与课堂管理和交流这两个环节给予了充分的重视。另外，在法国，教材的介绍不会作为培训内容，更多的是作为教师能力培养的工具之一。

在法国，汉语教师培训主要针对的是中学教师。法国的中学教育带有自己国家的特点。首先从课程设置来看，在法国选修汉语的学生每周只有3节课，时间比较少，学生走出了课堂，就走出了目的语环境，完全处于母语环境中，所以教师非常珍惜学生在课堂上可以听说汉语的时间。那么如何在有限的课堂时间内让学生学到东西，而且保持对汉语的兴趣，就是摆在所有法国汉语教师面前的问题。正因为如此，法国的汉语教师培训非常重视课堂教学法的培训，很多培训内容都与此相关。另外从教学对象来看，法国的中学生思维活跃，喜欢提出问题，他们各自的学习动机和兴趣不同，学习目标和学习策略也不尽相同。教师只有充分了解法国中学生的这些特点，才能理解他们在课堂上的表现，才能使用他们能够理解和接受的方式进行交流，从而保持课堂教学的高效。

二、法国汉语教师文化教学培训

随着汉语教学近年来在法国的蓬勃发展，法国各学区组织了针对中学汉语教学的培训。笔者作为法国汉语总督学，曾观摩考察过几百个汉语课堂，也曾参加主持过多场汉语教师培训。在培训中，笔者发现文化教学是汉语教学中的一个难点，其中存在着诸多亟待解决的问题。这些问题主要不在于教师缺乏中国文化的知识储备，而在于具体的教授文化知识的方法和形式。需要特别指出的是，通过近几年的观察和调查，我们发现在以汉语为母语的教师中，普遍存在着“自我中心主义”倾向以及跨文化意识与概括能力的欠缺。在处理一个具体的文化主题时，大部分以汉语为母语的教师倾向于细节的描述或者是将文化教学简化为诸如“动手做”之类的亲身体验活动。我们认为，之所以会有这种倾向，是与中国人的文化传统、思维方式和教育传统分不开的。

在西方文化中，口才艺术占据着重要地位，强调主客分割，重逻辑分析与逻辑联系。而在东方文化中，书法艺术一直占据着举足轻重的地位，强调主客交融、天人合一，重感悟，重并置（juxtaposition）。中法两国之间的教育传统也存在着诸多差异。在法国，学生从小学阶段开始学习语法知识，到了初中、高中，语文课的一大目标是强化学生以拟定提纲为中心的概括能力。高中毕业班的哲学课注重培养学生的方法意识、批判性思维，并培养理性分析思维。再加上拉丁文字主要是分析型文字，因此也有助于培养分析能力。反过来，法国学生的整体观念就可能有所不足。而在中国，学校教育偏向灌输型，传统上不重视语法教学，不注重培养学生的思辨能力和创造能力。又因为汉字的特殊性，学会一个汉字，需要不断模仿汉字字形，所以中国教育强调重复记忆和细节的描述。这些当然都只是一个假设，笔者在此权当抛砖引玉。汉语教师在文化教学中存在诸多问题，需要经过培训，才能有效地提高其教学水平，适应当前汉语教学的快速发展。

1. 法国汉语文化教学培训背景

1.1 法国中小学语言教学中文化教学的引入

如前文所述，2002 年，法国首次正式将文化教学纳入语言教学大纲，与语音、语法、词汇居于同等重要的地位。然而，法国中学语言科目高考并没有因为新课程标准的公布而更新，文化教学在实际的语言教学中的地位并没有受到足够的重视。直到 2013 年，新的高考方案强调在语言教学中引入四个文化概念、考查五项言语能力、使用全国统一的评估标准表，文化概念作为切入点首次被评估，文化教学最终得以真正融入语言教学。

1.2 法国中小学汉语文化教学存在的问题

随着汉语教学在法国中小学语言教学中的长足发展，汉语教师的人数也迅猛增长。据统计，2015 年法国中小学有大约 600 多名汉语教师，其中大部分都是以汉语为母语、来自中国的教师。

最近十年来，汉语文化教学出现了诸多亟待解决的问题。

第一个问题是文化的定性问题，即对于何为文化、何为其教学内容存在不少混淆之处。有些教师将汉字字形文化等同于一般的文化知识。比如，通过举例“筷子”的“筷”和“笛子”的“笛”来讲解中国文化中的竹子。而汉语教师在文化教学中应该选取真正意义上的文化主题，例如中国的新年习俗、京剧表演，等等。

第二个问题是普遍缺乏概括归纳汉语文化主题之基本特征的能力。这实际上是汉语教师组织文化教学的方法问题。一般而言，汉语教师并非没有相应的知识储备，相反，他们的知识储备是颇为丰富的。可是，他们总是停留在知识的细节层面，停留在对细节的描述上，而不能将其上升到一个更高的层面。汉语教师应当致力于提炼其讲授的文化主题的一般性的特征。如果做不到这样的概括归纳，那么文化教学必然难以取得良好的效果。因此，我们应该从细节中抽取出能反映汉语文化基本特征的概括性的东西。

第三个问题是长久以来，汉语教学中的文化教学偏向于实用层面，或者说“动手做”，即让外国学习者动手制作或亲身体验。以中国饮食为例，汉语教师偏向于通过做一道中国菜或者去中国餐馆等具体活动来顺便描述中国饮食。但是，这样的安排并非文化本身，充其量只是文化的某种表现形式，或者是补充说明文化主题的趣味活动。文化主题的教学要求我们对该主题本身进行加工、探讨和阐述。这更接近于一个讲座，关乎知识和能力的讲座，而这种能力并非我们所说的是否可以包好饺子。

最后一个问题是选用何种语言来进行文化教学。具体地说，在阐述相关文化课题时，我们是用学生的母语（法语）教授，还是用目的语（汉语）教授呢？即母语与目的语之间的选择。这是一个基本的问题。关于这一点，也有诸多混淆之处。不少教师坚持，应该使用汉语教授文化。例如，用汉语解释文本中的一些部首，或选取文本中的个别字和词进行讲解。然而，这些并非真正意义上的文化教学。此外，具体的教学方法取决于所设定的教学目标。在中学教学中，如果一节课的教学目标主要强调文化知识的获取，那么采用学习者的母语教授无疑是更有效的。比如，临近春节，如果教学目的是希望学生可以获得关于春节的基本知识，那么我们该选择何种语言呢？如果选择汉语，那么学生最终获得的关于春节的基本知识将非常有限，非常贫乏。在文化方面，我们自然没有达到所设定的目标，尽管我们在语言方面取得了一定的进步。尤其对初级语言水平的学生来说，为了达到文化方面的学习目标，选择法语教授肯定是更合适、更有效的。诚然，每一次教学活动我们都应该思考该选用何种语言教授。总的来说，在文化教学中，母语优先于目的语；在语言交际方面，目的语是更佳的选择；在课堂纪律管理方面，母语会更合适；在语法方面，母语也更有优势。此外，关于汉字字形、笔顺等方面的知识讲授，因为其并不关涉实际交际能力，也最好使用母语教授。总之，在选择何种语言进行教学上，要做一个选择，并且清楚为何此选择优于彼选择。

2. 汉语文化教学的基本操作步骤

语言教学中的文化教学应当主要围绕“教什么”“如何教”这两个基本问题

来进行。笔者根据自己的一些教学经验，总结了以下关于中学汉语文化教学的基本操作步骤：

第一步：让学生就自己所了解的文化主题进行发言。比如，关于京剧，我们可以先提问学生对京剧已有的了解。这个过程可以持续大约两分钟。教师将学生所说的记录下来。这样做的目的有二：其一，从一开始，就使学生变得主动，使其能更好地融入教师即将传授的文化知识；其二，可以使一些文化上的刻板印象（stéréotype）显露出来。毋庸置疑，刻板印象存在于所有的语言教学中。我们认为，让学生说出他们的一些刻板印象，会产生积极的教学效果。因为尽管这些刻板印象存在着片面与错误，但至少教师可以依据学生所想来纠正错误，澄清疑惑。由此，我们是从学生所认为的或者说他们所想当然的出发来有针对性地实施教学。举例来说，有的学生认为中国人穿和服，这就是将中国和日本的传统服饰混淆了。而教师正可以从这种误解出发来帮助学生区分中国和日本，学生于是逐渐能够区别包括中国和日本在内的亚洲国家。这第一步属于课堂教学范畴。

第二步：从“广角”视野概括特定文化主题，归纳出三四个或至多五个该文化事物的基本特征，并根据其重要程度进行排序。这一步是最重要的，切勿立刻进入相关细节的介绍和讨论中。然而，遗憾的是，这个问题普遍存在于目前的汉语文化教学中。诚然，细节是很有意思的，举例也是必要的。可问题是，如果我们停留在这个层面上，那么文化教学就会因为纠缠于细节而使得最终为学生所记住的、所学到的知识将少之又少。教师应该做的就是对文化课题之基本特征的综合概括。比如关于中国饮食的诸多知识，我们要找出最能将其概括的特征。当然，在讲解每个基本特征的时候，我们可以给出相应的例子来进一步说明。这里涉及经济原则的问题，因为既然是概括性层面的东西，学生就比较容易记住，而这正是我们的教学目标。不论是在法国还是在中国，我们都注意到教师在这方面的能力稍显不足。所幸的是，此方面的在职培训会较快地获得成效。通过一到两整天的集中训练，选取几个到十几个不同的文化主题进行练习，并要求教师遵守相应的操作步骤。培训结束时，许多教师在概括能力上都获得了极大的提升。

第三步：通过中西比较来教授文化。我们如果不进行比较，就很难真正领会我们所学的东西。这一点在文化领域尤为突出。一个很好的例子就是“opéra”。

这个词既可以指西方的歌剧，又可以指中国的京剧。而事实上，这两者并非一类。显然，我们需要比较，特别是音乐在两者中所扮演的角色。值得注意的是，不少来自中国的汉语教师往往在文化教学中具有“自我中心主义”倾向。比如，有些教师会说，中国某某文化的历史非常“悠久”。可是，他们没有去考虑，也许其他国家的相同文化有一样长或者更长的历史。通过比较，不仅教学会更加有效，而且也可以避免文化教学的“自我中心主义”。对外汉语教师应当具备跨文化意识，了解中国和法国文化知识及其异同，掌握跨文化交际的基本规则。

第四步：在介绍了相关文化主题的基本特征之后，教师应当尝试提出一些新的疑问，以此开启学生对相关主题的再思考。也就是说，教师应试图让学生在课后带着这些问题继续了解该文化主题。

第五步：通过向学生展示图片、影音资料来举例说明相关文化主题。汉语教师往往倾向于将这一例示工作置于教学过程的最初阶段，而不是最末阶段。而实际上，图片或影像的例示却是文化教学中相对次要的环节，因为一旦教师能够将某一文化事物的基本特征讲解明白，例示的工作自然就水到渠成了。设想汉语教师急于在第一时间就把具体的说明资料统统展示出来，这固然可能激发学生的求知欲，可问题是，在学生的头脑里，最终留下的只会是一些难以区分的堆积的细节。所以，文化教学应当始于基本特征的阐释，再举例说明之。

3. 汉语文化教学培训之案例分析

在汉语教师文化教学培训中，我们要求教师在 30 或 40 分钟内处理某一中国文化主题，比如儒家思想、中国饮食文化、京剧等，之后进行教学演示。

如前所述，汉语教师在处理不同文化主题上的最大问题是缺乏概括归纳的能力以及持有“自我中心主义”倾向。比如说，关于成语，很多教师会马上给出一个成语的例子，也就是说，立刻进入了细节。当然，考虑到成语很少为外国学习者知晓，举例还是必要的，但不能将其作为基本特征列出。又如，关于孔子，每位教师都相当了解，但是在如何组织归纳基本特征上，很多教师都一筹莫展。

在具体培训中，我们会选定几个主题，让教师自己思考如何阐述这个主题。一个培训班大约有 30—40 人，一般分为三组。比如，大约十位教师处理“中国饮食”这一主题，另外十位教师处理“孔子”这一主题，最后一组处理“京剧”

这一主题。半小时之后，我们会对教师所做的选择进行评价，同时提出自己的教学建议。

3.1 京剧

（1）“一门综合艺术”（l’opéra de pékin: « art total »）

我们选择“综合艺术”这一表述作为第一大特征，原因有二。一是为了与西方古典歌剧作比较。尽管法国的歌剧也是一种比较全面的艺术，但与京剧不同，并没有如此全面。二是京剧中，只就表演这一项，本身就是综合艺术，包括唱、念、做、打四种技艺。如果把音乐、美术（包括化装、脸谱、舞台设计、布景绘制等）、灯光、服装、道具等都包括在内，京剧实在是一门十分复杂的综合艺术。

（2）“程式化”（stylisation）

京剧中的程式化属于京剧的基本规范。京剧表演中各类人物的言谈举止都有一定的手势、台步、动作、方位等规定。同样，京剧中的戏服样式和演员的化装也通过不同的色彩、图案、装饰等细节来表现不同人物的外貌和性格特征，从而带有固定化和类型化的特点。由此可见，“程式化”构成了京剧的一大基本特征。

（3）“音乐为舞台服务”（la musique au service de la scène）

在西方古典歌剧中，音乐处于非常显著的地位。当我们谈论起西方古典歌剧时，首先我们想到的是音乐和它的作曲家，比如莫扎特、瓦格纳、威尔第等。与凭作曲家而名声大噪的西方古典歌剧不同，京剧音乐并不是真的由作曲家创作而来的，而是基于将传统的编纂曲调予以固定而来。所以我们不会谈论《三岔口》《孙悟空》的作曲家是谁，因为在京剧中，音乐是为舞台服务的。音乐功能的不同成为西方歌剧与京剧的一个巨大区别。

关于京剧，多数教师并非缺乏相关的知识储备。比如，在谈论脸谱颜色意义时，他们知道这些色彩有一定的格式，有其特别的象征意义。又比如，谈论到京剧乐团，他们知道京剧乐团通常位于舞台一侧，观众视线之外的地方，而且，京剧乐团没有太多乐器。尽管教师具备相关的知识储备，但是他们缺乏概括京剧文化之基本特征的能力。培训中，很少有教师可以找到三个基本特征来归纳这一文化主题。在他们给出的答案中，有“漂亮的衣服”“生、旦、净、丑”“脸谱、服装、乐器”这些表述。从教师的这些答案中，我们可以发现一些普遍存在的问题。选择“漂亮的衣服”这一表述作为京剧的一个基本特征，显然是教师“自我中心主义”的一种表现，因为这一说法忽略了其他戏剧种类，认为这一特征为京剧独有。而“生、旦、净、丑”这一选择则属于细节描述，是教师缺乏概括能力的一种体现。

3.2 孔子

（1）“中国重要的思想家”（公元前551—公元前479）[penseur chinois majeur (551 av. J.-C. —479 av. J.-C.)]

即便是法国的中学生，对孔子也很感兴趣，因此他们非常想了解孔子。不少中国教师在讲解孔子时，满足于以中国人的方式来概括孔子。他们并未意识到，西方人包括法国人是以另外一种方式来概括归纳的。作为汉语教师，他们应该了解两者的区别，避免文化教学中普遍存在的“以自我为中心”的问题。具体地说，大多数中国教师指出孔子首先是一位教育家，而西方人对孔子的评价则首先是思想家。中西方不同语境之下的此种区别正是中国人和西方人会站在不同的角度看待同一事物的体现，而汉语教师应当知道这些不同角度的存在。实际上，使用“教育家”一词会令人产生误解，以为孔子的《论语》是以真正的教育为主题的，而这显然是以偏概全。尽管孔子在中国创立了一系列教育观念，比如“有教无类”等，但是孔子对于后世的影响主要是其思想贡献。我们可以将孔子称作一位思想家，而且是在中国文化中头等重要的思想家。在一定程度上，孔子思想在中国所处的地位相当于宗教在西方所处的地位。尽管两者之间有巨大差别，可是影响力却可相提并论。

值得提及的是，我们在培训汉语教师时发现几乎没有教师将孔子与其他同时代的西方思想家作比较，甚至也没有说明孔子所生活的年代。然而，没有交代时代背景，又如何介绍孔子思想的特征呢？ 他毕竟不是西方人，法国中学生并不知道孔子生活在哪个历史时代。欲向法国学生介绍孔子思想的基本特征，须先进行中西比较。这里，我们将孔子与苏格拉底放在一起。因为他们基本上是属于同时代、同等地位的思想家。这样一来，不仅孔子生活的时代有了西方文化的对照，而且，也突出了孔子是一位思想家，而且是头等重要的思想家，非荀子、墨子等先秦思想家所能比肩。

（2）“非宗教的人文主义道德”（une morale humaniste laïque）

显然，光说孔子是思想家还不够，那么他到底是一位什么样的思想家呢？此处我们选择了“道德”这个词来定性孔子的思想，而没有使用“哲学”“教育”这些词。因为西方人一般是从道德伦理的角度来看待孔子的，尽管孔子也是一位中国历史上有深远影响的教育家。我们还选择了“人文主义的”“非宗教的”这两个形容词来描述孔子的思想。为什么要选择这两个形容词呢？这是因为要遵守“以学习者为中心”的原则。对西方人来说，一提到伦理道德，就会想到宗教。正如圣经的《旧约》《新约》，都关涉伦理道德，并一直影响着西方人的观念和行为。正因如此，教师应当指出孔子的思想不同于西方的宗教，前者是非宗教的、没有上帝的伦理道德。另外，孔子在谈论鬼神时，主张要“敬而远之”。这样的观念与西方宗教也是完全不一样的。孔子思想是人文主义的伦理道德。论语里的这段话可作为例证：“吾十有五而志于学，三十而立，四十而不惑，五十而知天命，六十而耳顺，七十而从心所欲，不逾矩。”多数人都会经历十五岁、三十岁、四十岁、五十岁、六十岁、七十岁，可见孔子思想强调的是人，而不关注上帝或者神。当然，在具体材料的引用上，教师可以有其他选择。

（3）“汉文化圈的价值基石”（le socle de valeurs du monde sinisé）

对于孔子思想的第三个基本特征，需要突出的是其影响不仅在中国，也包括日本、韩国等深受孔子思想影响的国家。这就是有些专家所说的“儒家文化圈”。然而，在培训中，没有一位教师考虑到孔子在汉文化圈的影响。

培训中，大部分教师在做这个练习时，一开始都失败了。他们或者找不出三个能归纳孔子的基本特征，或者是他们直接举出特别详细的例子，譬如儒家的“五常”：仁、义、礼、智、信。在具体的教学中，教师需要考虑，几个月后或者半年后，学生能记住的是什么。法国学生学了20分钟左右介绍孔子的文化课，应该记住的是：孔子属于哪个时代的思想家、孔子思想与上帝无关、孔子思想到现在仍然影响着整个汉文化圈，甚至包括在法华人子女的教育、处世为人等。

3.3 中国菜

（1）“多样性”[Cuisine(s) chinoise(s)]

中国饮食文化丰富多样。教学中，可以先介绍中国的四大菜系。那么，为什么不选择八大菜系呢？原因是，教学中要强调经济原则，所以先得从四大菜系说起。也许在学过四大菜系以后的半年，再来解说八大菜系会更妥当。在培训中，很多教师都选择了“八大菜系”作为中国菜的基本特征。教师在教学过程中，一定要考虑半年或一年以后学生能记住什么。如果第一次就给学生八大菜系，那么最终学生脑子里会留下多少呢？关于八大菜系，甚至不少中国人都说不上来，更何况外国学生呢？而四大菜系则相对更容易被学生记住。

为了进一步说明中国饮食文化的多样性，我们可以继续向学生介绍在中国至少存在着上万个不同的菜谱。

（2）“主食和菜的划分”（la partition “zhushi” / “cai”）

第二个特征是主食和菜的划分。关于主食，现代西方社会是没有这样的概念的。应该说，它是中国特有的一个文化概念，带有特定的文化烙印，很难翻译成西文，因此，教师要进行具体的说明。比如，要说明饺子不是菜，虽然它里面有馅儿。这是观念问题，教师需要作澄清。另外，我们也可以提及随着中国经济社会的发展，“主食”这个概念已经开始逐渐淡化了。

（3）“体现中国哲学精神的饮食”（Une cuisine philosophique）

第三个特征是中华饮食渗透着中国哲学的精神。第一，讲究阴阳平衡：荤素、色彩、冷热、咸淡、口味轻重、口感软硬等。第二，整体观念：中国人的思维总是着眼于整体，这一点直接反映在饮食文化中。中国菜几乎每个菜都要用两种以上的原料和多种调料调和与烹制，而这讲究的是整体的配合。法国菜分第一道、第二道、第三道，并且每一道菜的各种原料互不调和，这是分析性思维的体现。中国人把所有的菜放在一张圆桌上，大家可以吃到所有的菜，这表现出中国人和合的哲学思想。而西方人各自选择自己喜欢的菜肴，则是西方人重个体独立的体现。最后，中国菜与“养生之道”密不可分，含有中国古代思想的内容。

此外，中国饮食文化高度重视饮食和养生的关系。法国饮食在中国有“法国大餐”的美誉，却几乎不讲究养生。比如，法国人不会说，吃黄瓜对身体好。法国人只会关心好吃不好吃，而中国人却经常会关注吃什么对身体好、吃什么对身体不好的问题。

（4）“酒的功能不同”（La fonction de l’alcool）

在培训中，没有一位教师提到这一点。这事实上是中国饮食文化和法国饮食文化的一个很大的区别。在中国饮食文化中，酒是为了活跃氛围、服务于社交礼仪活动的。在法国，酒却没有这些功能。在法国，酒归于一种美味，与美食搭配。也就是说，与品尝关联。法国讲究“品酒”，而不是“喝酒”。因此，“品酒”是个人行为，同时也关注别人对酒的评价。这里面有很多学问可讲。而中国人在吃的方面也有很多学问，但是喝酒却几乎不涉及学问。酒在中国饮食文化中的角色在一定程度上相当于法国的开胃酒。在法国，开胃酒就是用来大家互相干杯、互祝健康等社交礼仪活动的，不是真正意义上的酒。

在具体教学中，要突出共性和差异。比较很关键，不进行比较，学生很难明白。如果想继续深入比较中国饮食文化与法国饮食文化，我们可以继续提到以下几点。如关于大厨的标准，中国与法国是不一样的。此外，“法国大餐”突出个人口味偏爱，因此顾客在点牛排的时候，服务生一定会问要几成熟的牛排。在中国饮食里，一般并不存在依据食者偏好来调整生熟度的情况。另外，蔬菜在中国饮食文化中所处的地位很重要，其品种远远超过法国的蔬菜种类。还有，中国菜是全世界传播最广的菜。笔者在此不再详述。

如前所述，教师在讲解某个文化主题的最后，应该尝试提出一个问题，以便学生课后进行思考。关于中国饮食文化，我们可以提出这个问题：“中国是全世界最讲究养生的国家，而现在却又是糖尿病第一大国。你们觉得这是否矛盾？”教师可以提这个问题，不一定要给出答案。因为在西方的教育传统中，突出的是问题和学生独立思考的能力。

当然，我们也可以提出另外一个问题：“中国人如此讲究吃，可听说麦当劳在中国无处不在，那么中国菜未来会被麦当劳取代吗？”答案当然是否定的，可是这不妨碍教师提出该问题供学生思考。

3.4 中国

在对外汉语文化教学中，没有比“中国”这一文化主题更显重要的。往往第一堂汉语课，教师都会选择介绍中国。这里我们讨论的“中国”，没有古代、现代之分。也就是说，学生初次听到有关中国的介绍，教师应该如何讲解呢？这是值得我们认真思考的问题。在培训中，我们收集到教师给出的一些典型答案，诸如：多民族国家、南北差异、历史悠久、发展很快、博大精深、开放性。这些答案显然不能概括“中国”的基本特征。

（1）“类似大洲的一个国家”（un pays continent）

法语中，让学生印象深刻的就是“un pays continent”这一表达。这一特征旨在强调中国的多元化。多元化的中国就像一个大洲一样。通过这样的介绍，法国、意大利、西班牙、英国等国的学生会真正理解为什么说中国是一个大洲型的国家。之后，我们可以进一步谈到中国的人口。因为中国是一个大洲规模的国家，所以中国的人口数量堪与一个大洲相比校。

（2）“世界重要经济体”（une puissance économique importante mondiale）

目前，中国是世界第二大经济体，是世界重要经济体。中国经济更好、更高质量的发展，也带动了世界经济的发展。“世界重要经济体”无疑是当代中国最重要的特征之一。

（3）“独特的文字”（une écriture singulière）

作为非拼音文字，汉字是中国独有的书写系统，这一点自然也是中国的基本特征之一。教师可以简单地举出一些例子来具体说明。同时，还可以进一步讲中国书法，谈一谈书法的艺术美。

图 5-1　中国书法中的“地书”

通过图 5-1，我们可以直观地观察到中国书法是什么。之所以选择地书，是因为这可称得上中国书法“独特中的独特”。对于汉语教师来说，这张图片可能司空见惯，可是在法国人眼里，这个场景非常具有异国风情。选择此图片，可以激发法国学生的兴趣。

（4）“伟大的饮食文化”（une culture culinaire）

法国菜和中国菜都蕴含世界上著名的饮食文化。中国的饮食文化闻名世界，属于世界第一或者至少是最强的两者之一。而大部分国家的饮食文化并不处于其民族文化的首要位置，因此我们不会选择饮食文化来作为该国文化教学的主要内容。但如果涉及中国，则不可能不讲饮食文化，因为这是了解中国文化的不可缺少的切入点。

3.5 成语

尽管汉语教师对许多中国成语运用自如，但是他们却很难准确地概括出成语的基本特征。

（1）“约定俗成：四个字、对称”（“cliché” en quatre caractères, symétrie）

我们面临的第一个困难是如何给成语下定义。别的文化中有没有成语呢？其实是有的。那么，中国成语的特征是什么？ 首先通常情况下是具有四个字的固定形式。而法国的成语就没有固定的四个字、五个字或六个字这样特定的形式，而且也不是对称的。“cliché”的法文原意是陈词滥调等，含有贬义，而此处我们使用“cliché”一词，则仅仅指约定俗成。在法国的作文中，必须尽量避免过多地引用一些法文约定俗成的词语，否则教师会评注“cliché”，以示否定。而在汉语里，成语的运用则不存在类似的禁忌。

（2）“固化的哲学”（philosophie fossilisée）

成语故事的内容往往来源于中国古代思想，并且以形象和凝练的方式反映这些思想。例如，中国古代成语“拔苗助长”“邯郸学步”等，其实是道家思想的核心观念。

（3）“与法国的拉封丹进行比较”（La Fontaine）

拉封丹是法国著名的寓言诗人，他的寓言和中国成语故事在现代交际中用起来有些相似，所以值得将二者进行比较。汉语教师切不可“以自我为中心”，以为成语完全是中国独有的。事实上，很多拉封丹寓言诗的题目就跟成语差不多。

不同的是，拉封丹的语言不是偏向哲学，而是偏向为人的道理。第二个不同是，前者没有固定的形式，而后者有。将成语和拉封丹的寓言进行比较会颇具启发性，因为法国人没有不知道拉封丹的。当然，法国人对于拉封丹寓言的运用频率，远远不能和中国人对于成语的使用相提并论。事实上，中国成语的来源涵盖中国数千年历史上的文学、历史与哲学典籍。

3.6 华人

流散族群（diaspora）这个词最初专指由于历史事件而分散到世界各地的犹太人。“二战”后，它的词义发生了变化，逐渐从犹太人群体演变到描述各种族群团体因为政治、经济、文化、社会等情形而离开自己国家，在其他国家或地区居住并在客居国 / 地采取种种方式保存族群文化。在汉语教师文化教学培训中，我们发现很多教师对“diaspora”一词的含义并不熟悉，甚至根本不知道这个词。而“华人”用“diaspora”解释实际上是法国学生在本国了解中国文化的一个重要渠道。

（1）“全世界的一个主要的流散族群”（une des grandes diasporas dans le monde）

严格意义上，全世界没有多少流散族群。犹太人和中国人的流散族群是世界上最重要的两个族群。在法国，巴黎十三区的中国人就有其特定的历史。

（2）“历时”（diachronie）

如果我们谈论法国的华人流散族群，我们会首先提及最早在法属留尼汪岛的中国移民群体。随后，20 世纪 20 年代，新的一批中国移民出现在里昂火车站。因为当时中国人是坐船到马赛，然后乘火车到里昂火车站，所以当时在里昂有一个小型的中国城，现已无存。后至 60 年代，由于战争影响，东南亚国家包括柬埔寨、越南的华人也大批地移民到了法国。

（3）“共时”（synchronie）

华人目前散居于全世界，从美国的纽约、旧金山到欧洲的巴黎、伦敦，从东南亚国家到澳大利亚、新西兰，等等。

关于散居世界各地的流散族群，我们可以提这样一个问题：法国人在美国为什么不能被看作是散居在美国的流散族群呢？同样地，非洲人在法国人数很多，也没有形成所谓散居海外的流散族群。为什么中国人在海外却形成了这样的流散族群呢？

华人海外流散族群的存在与儒家的思想大有关系。华人即使身在海外，也会继续保持中国的文化传统和生活习俗。他们的生活方式和行为模式仍然受到儒家思想的影响。此外，华人和犹太人的流散族群都有一个共同特点：重视自己的文字。在法国，很多华人家长都愿意让自己的孩子星期日去华人会馆学习汉语，接受中国文化的熏陶。

综上所述，文化教学被正式纳入法国中小学语言教学中之后，汉语教师须采用正确的方法来实现文化教学的目标。在汉语教师文化教学的培训中，母语为汉语的教师普遍存在“自我中心主义”的倾向，并且缺乏跨文化意识和概括文化主题之基本特征的能力。以上若干教学案例的分析试图帮助汉语教师解决上述问题。

第六章 “汉语热”的增长危机

在中国经济崛起、国际影响力不断扩大的背景下，汉语作为第二语言教学近年来发展迅猛，学习汉语的学生数量持续快速增长。然而，任何事物发展速度过快，就会碰到增长危机，“汉语热”也不例外。正如学科认识论所阐明的，任何特定学科的发展模式都不是线性的，而是非连续性的，均会历经产生、成形、巩固并逐步发展甚至发生质变的过程，而其亦可能遭遇发展中的曲折，陷入暂时的低谷，从而需要应付各种危机。（加斯东·巴什拉，2006）尽管汉语作为第二语言教学在全世界范围的发展趋势是令人乐观的，但其在发展中却潜伏着危机，有很多问题需要重新审视。

一、汉语作为第二语言教学学科关键词的模糊性

汉语作为第二语言教学这一学科的正式称谓一直存在争议，学术界主要使用“对外汉语教学”“汉语国际教育”或者“国际汉语教育”这几个名称。然而，学科关键词即“教学”或“教育”却较少获得研究者的关注。界定学科的基本术语是至关重要的，因为这些术语的准确表述会使我们在进行本学科的研究中保持思维严谨，清晰。在任何学科的重要概念上用词不明确都会产生一定的认识障碍。在汉语中，“教学”这一关键词存在着术语表达模糊的问题。以下是与汉语“教学”一词相对应的法语名词对照：

- 法国汉语**教学** = **enseignement** du chinois en France
- **教学**手段 = moyens **pédagogiques**
- 汉语作为第二语言**教学**研究 = recherches en **didactique** du chinois langue seconde

值得注意的是，法语中这三个名词（enseignement、pédagogie 和 didactique）分别指向不同的概念，而在汉语中却经常只笼统地使用“教学”一词。

（1）**Enseignement** 汉语中与之对应的词是“教学”，如“汉语教学”。enseignement一词是指教学的行为与方式，包括学校培养学生的教学、管理活动。

我们更倾向用“汉语教育”一词来指这一现实，因其涵盖面较广，恰可包括汉语教学之方方面面。

（2）Pédagogie　该词的核心意思是指课堂教学，强调师生关系、师生之间的互动以及课堂管理。我们认为，汉语里的“教学”一词用在此处特别贴切，因为有“教”有“学”，足可反映教学活动的双向内涵。除了课堂教学以外，这个概念涵盖了教学手段（moyens pédagogiques），如使用幻灯片、游戏、表演等，也包括教学资料（supports pédagogiques），如教材、影视、手机、报纸、互动白板等。

（3）Didactique　如果说 pédagogie 主要指课堂与师生关系，didactique 则是从科学知识内在逻辑出发来探究课堂教学法则，其研究对象是教师、学生和学科内在特征三者之间的关系。didactique 似宜译为“学科教学论”或“学科教育论”。按照 Develay Michel 的说法：“didactique（教学论）从知识的内在逻辑出发探讨课堂教学法则，而 pédagogie（教学）则反之。”①

didactique du chinois 在汉语里有时被称作“汉语教学法”。而事实上，didactique 不仅仅是方法，其内容要比方法宽泛得多。它的本质在于探讨以下转化过程：从专业知识出发，将之转化为教师要教授的知识，进而转化为已教授的知识，再到学生获取的知识，最后到学生自己会运用的知识。其研究范围包括汉语交际能力、汉字的使用频率、汉语说与写相分离的发展、汉语学习者和汉语教师的个人风格、评估与认证、文化能力，等等。这些内容中的很大一部分其实与“方法”并无关联。学术领域的 didactique 更适合译作“教学论”一词。术语表达的准确性非常重要，因为如果不对“教学论”与“教学”两个层面予以区别，就会对教学论的正确定义及其研究范围产生直接的影响。教学论应该包含对需要传播的知识的特殊性的思考，譬如，汉语教学论要考虑到汉语语言文字的特殊性。

总之，我们应当明确上述三个基本术语的不同内涵，确定其相应的中文名称并在学科建设的讨论中正确使用之。只有明确区分这三个不同层面的名称，才能使我们对汉语教学论的学术范围有正确的认识。

二、学科归属何去何从

在外语教学的学科归属问题上，中法学者往往有不同的认识。中国学界的普遍观点实际上与法国直至 20 世纪 70 年代流行的观点很相似，二者均认为汉语作

① Develay Michel. 1992. Didactique des disciplines, pédagogie, didactique générale[J]. Bulletin de l’AECSE n°13.

为第二语言教学是应用语言学的一个分支。而应用语言学顾名思义是语言学的一个分支。如此，汉语作为第二语言教学就应当从属于语言学。我们认为汉语作为第二语言教学与语言学之间不是从属关系，前者与其说从属于语言学，毋宁说属于学科教学论的一种。因为学科教学论，无论是体育、数学、历史等，它的本质和关注点是教学转化过程，即从纯理论的学问到学生能领会使用的整个转化和传递过程。这和语言学并无直接的关联，却正是教学论的核心问题。举例言之，数学教学论专家穆俊男谈论他们是如何将数学的理论性知识逐渐转化成可以传授的知识，再转化成学生能领会、使用的知识以及如何评估对这些知识的掌握程度。显而易见，对外汉语教学论与其他学科教学论之间在知识的传播、转化、接受方面有很多共性。

学科归属的问题不仅仅是理论问题，还会在一定程度上影响学术活动的开展方式。譬如，在近几十年以来的汉语作为第二语言教学研究的会议上，语言本体研究占的分量相当大，而涉及汉语教学中知识转化的研究则比较少。汉语教学学术会议内容应该基于教学转化过程，以更好地适应汉语教师的实际需要。事实上，语言本体专家与语言教学专家及教师属于两种不同的职业，也具备不同的职业能力。

语言教学极为倚重教师教学能力的培训，汉语作为第二语言教学也是如此。教学能力的培训能够帮助教师纠正某些不合理的做法，以增强教学效果。语言学则与教学能力的培训毫无关系，而主要关注的是对某种语言现象的描述与分析。即便某个语言现象的出现频率很低，也应当予以描述。显然，假如一位语言教师的课堂教学倚重于元语言和语言的描述，而不注重教学本身，教学效果就会很不理想，因为外语教学的本质不是以语言描述为主，而是注重如何对知识进行转化、加工，从而更好地传播，以便学生有效地获取并运用。

三、与外语教学界的交流

与上节所述有关的是，我们通过研究汉语作为第二语言教学的学科史可以发现中国对外汉语教学界与外语教学界实际上各立门户。尽管中国是对外汉语教学的摇篮，可是，中国的对外汉语教学界很少或几乎没有与本国的外语教学界进行沟通交流。这种沟通的缺失不仅仅体现在理论层面的学术交流上，也体现在具体的教学实践培训中。

我们认为，对外汉语教学界应该与其他外语教学界建立有机的联系，一道探讨他们所共同面临的问题，相互借鉴各自的教学方法与理念。在某些其他国家，譬如法国，汉语作为第二语言教学是从属于“活语”[①] 教学这一总学科的。因此，汉语作为第二语言教学经常和其他语言教学进行交流。法国国民教育部每个学区每年在中学组织对“活语”教师的共同的教学培训。不同“活语”的代表也定期地共同探讨语言教学及其改革方式、语言政策实施的各种问题。

此外，法国的英语、法语、德语等第二语言教学和教学论均是基于基础教育的现实经验发展起来的，而中国的国民教育体系则由于其不可能存在汉语作为外语的基础教育阶段而缺乏这一关键性的基础教育经验。高等教育阶段的对外汉语教学虽然具有严格的教学分工，但是，与高教阶段相关的经验只能构成对外汉语教学论的片面的学科基础。

四、与中国语文教学的区别

在中国，对外汉语教学模式在某些方面接近于按照教授本国人语文的方式教授对外汉语。因此他们没有明确地意识到教授外国人汉语和教授中国人语文之间存在的明显的差异。与此同时，对外汉语教学也没有吸取本国语文教学传统中值得借鉴的经验。

诚然，教学的第一步应该是了解教学对象。对外汉语教学的对象和中国语文教学的对象显然不一样，前者是汉语非母语学习者，后者是汉语母语学习者。两者之间的区别不仅仅体现在不同的社会文化背景上。更重要的是，中国学生在正式学习自己的语言文字前，已经基本掌握了母语的听说，而外国学生，尤其是非汉字文化圈的学生则是在学习一种完全陌生的语言的同时，接触一个全新的文字体系，即一个第二文字语言、一个远距型文字。这一事实再一次突显了对外汉语教学属于外语教学的一种，因此必须遵循外语教学的一般规律，与中国的语文教学区分开来，尤其是要摆脱中国汉语教师的母国文化中心主义，同时要吸收、继承“可转移”(transférable)的中国语文教学传统。

此外，基于汉语的特殊性，其教学方法必然不同于英语、法语、德语等其他外语教学。首先，必须考虑到汉语有“词”和“字”这两个基本语言教学单位，即汉语教学二元论状态，而这恰恰是它区别于其他语言的一个基本特征。我们注意到，在中国出版的大部分对外汉语教材隐含了汉字并不是语言教学单位的观

① 法国教育部门使用该词，以回避使用“外语”，因为使用“外语”一词，就会将方言排除在外。在法国，方言教学是受到重视的，除了专门的方言课程外，还设有专门的方言总督学。另外，“活语”与“死语”(即拉丁语和古希腊语）相对。

点，即汉语教学一元论，从而导致缺乏语素组合处理。由此，对外汉语教材呈现出词高于字的格局。比如讲解“国家”一词，往往直接用外语解释，而没有从汉字、语素这一基本表意单位的角度出发来分别说明“国”和“家”的意思，没有对怎样记住“国”和“家”这两个字的字形提供应有的助记办法，也没有对汉字部件进行拆分并用学生的母语对部件进行命名。这样一来，一些缺乏学习自主性的学生在记忆方面会遇到很大的障碍，而且，即便教师讲解汉字时进行了部件拆分，但倘若不用学生的母语对部件进行命名，学生的记忆机制仍将无法正常运作起来。不仅如此，字频与词频、字的出现率与词的出现率、汉字的构词能力等问题均未获得重视，因而严重违背了教学上的经济原则，也产生了汉字习得方面严重的障碍。而这些问题正是“换位思考”缺失所致。

当下的汉语教学并没有完全从“学习者的需求”“学习者的视角”及“汉语的特性”出发来教授汉语，因而忽略了汉字作为第二文字教学与汉字记忆方法密不可分的关系。汉语作为第二语言的学习者一般同时接触口头语言和书面语言，所以在他们面前，汉语处于一种“分区”状态，也就是说，他们在学习听和说的同时，还要培养他们的汉字能力，从而兼顾“词王国”和“字王国”。

五、任务型教学法是否适用

任务型教学法是20世纪80年代末兴起的一种以任务和体验为中心的外语教学法，即运用所学的语言知识来完成一项任务。任务型教学法强调使用真实的语言，强调通过在一定的时间内完成一个特定的任务，鼓励学生进行能产生意义的活动。这一教学法优先考虑语言的内容和意义，而不注重语言形式。它是交际法的强化和系统化版本。这一教学法近年来已成为外语教学界的主流的教学法。可是，任务型教学法是否适合每一种语言呢?

在法国，西班牙语教学这一学科的一大传统就是特别重视文化教学，西班牙语也是法国外语教学中最重视文化教学的一门外语。而在文化教学中，任务型教学法却往往无用武之地。譬如，当教师在讲解西班牙的古典绘画时，不可能将之设定为一个语言任务让学生来完成。据悉，在一次西班牙语教师资格考试中，一位考生在答卷中甚至提到要在课堂上组织斗牛比赛的角色游戏。这种做法显然是非常荒谬的。与任何教学法一样，如果盲目而机械地应用任务型教学法，则很容易产生误区。

任务型教学法的流行使得很多中国教师更加垂青于传统的“动手做”这一教学模式。然而，这样的文化教学的做法显然会使纯文化教学边缘化。其次，汉语的特殊性也决定它不可能完全使用任务型教学法。由于汉字是非字母文字，没有语音透明度，所以真实的书面材料在初期阶段几乎不能使用。另外，任务型教学法之重内容与意义而不重形式的原则和汉字这一不可缺少的语言要素的教学之间有冲突。汉字的字形、部件、偏旁部首的分析描述属于形式。在汉字教学中，学习偏旁、部首以及记忆汉字，并非一种交际活动。即便一个小时的课中我们仅用五分钟或者十分钟的时间来讲解生字，这五分钟或者十分钟就是非交际性的。汉字学方面的知识需要一种特殊的能力①。然而，由于任务型教学法的风靡，汉字教学却在不少情况下被边缘化了。同时，汉语的特殊性还决定了背诵在某种程度上是很重要的。显然，背诵不属于任务型教学法中的一种活动，但我们能因此而摒弃背诵这一学习方法吗？回答是否定的，因为在记忆汉字的过程中，适当的死记硬背非常奏效。事实上，背诵对任何语言的学习都有一定的帮助，可背诵和机械记忆（automatismes，包括心算、法语的动词变位与外语词汇表的背诵）在法国自上世纪七八十年代开始逐渐被淡化。

一言以蔽之，任何教学法的实施均应该以遵守本学科的特性为首要条件，坚决摒弃全盘套用。

六、对外汉语教学与中国扫盲经验

中国在扫盲方面有着相当丰富的经验。如果我们仔细回顾一下扫盲运动的历史，就会注意到其时的汉语教学即已重视汉字的学习问题，将学习字作为学习词的前提步骤。扫盲的标准之一是汉字字种数的掌握，即我们所说的“汉字门槛”。一度在农村以 1000 个汉字作为门槛，城市以 1500 个汉字作为门槛。

遗憾的是，中国的对外汉语教学界未曾参考借鉴中国扫盲运动的这一宝贵经验，没有将汉字门槛运用到汉语教学之中，没有意识到汉语作为第二语言学习者在初期阶段的“文盲”状态：在相当长的时间，一个初学者是无法理解真实的书面语言的，与此同时他已经具备一定的口语表达和听力理解能力，可是在严格意义上他还处于“文盲”阶段。而在法国，我们于 20 世纪 80 年代就已经提出“汉

① “汉字能力”是汉语能力中不可或缺的一环，它充分彰显了汉语的特性，是汉语区别于其他语言最明显的标志，但这一能力却极少被人提及。笔者在 2002 年的汉语教学大纲中对这一能力做过详细的诠释。

字门槛”这个概念，并逐渐建立起各种标准的汉字门槛。

值得一提的还有英语中“literacy”（法语译为 littératie）一词，意思是语言文字的运用能力。该词在英语国家运用得相当广泛，而在法国目前还属于一个比较新的词。对于汉语作为第二语言的学习者来说，进入汉语初级水平的学习以后，可以比较快地达到 A1、A2、B1 水平，但是学生们总是不能真正认读，因此还处在“文盲”阶段。这里，“文盲”首先是指不能阅读比较简单的东西，如报纸上的日常内容。也就是说，学生们可能已经认得 500 个汉字或 1000 个汉字，却始终不能做到自主地阅读比较简单的内容。树立“汉语自主阅读的能力与目标”概念至关重要，这就要求提出一个由那些对于大致理解一篇有关日常话题的文章或作品来说必不可少的高频词所组成的最低汉字门槛。事实上，即便是遵循汉字频率来教学，我们也需要差不多 1200 个或 1300 个汉字来摆脱对外汉语学习者的“文盲”状态。这是汉语的一个特殊性，也是学习汉语时必经的一个过程。一般而言，学生在第一年、第二年都不能在阅读理解上具备自主阅读理解能力。也就是说，学生需要经过一个很长的时期，平均大概需要三四年甚至五年才能实现自主阅读，才能脱离“文盲”状态。所以，培养阅读理解能力，实行汉语作为第二语言教学的集中识字教学法，注重汉字的频率和复现率是个根本选择，而实行分散识字教学法只能导致事倍功半的结果。

七、关于“汉语难”的问题

对外汉语教学界从 20 世纪 60 年代开始一直宣称汉语属于难学的语言。回溯到更早，“五四运动”对汉语言文字塑造了极为负面的形象。目前，无论是在学术会议上还是课堂上，中国教师或专家常提出“汉语难学”，而这已经形成了对外汉语教学界的一种“刻板意识”。事实上，用“难学”一词来描述外语学习并不妥当。尽管其他语言，比如俄语、阿拉伯语、德语、法语，也属于比较难学的语言，然而这些语言的教学界并不会提出自己的语言是难学的。同样地，数学、物理等其他学科的专家也从来不会刻意强调他们的学科属于难学的学科。“难”这一修饰语并非科学范畴，因此不应该在学术上被如此机械地运用。我们认为很有必要自问为何中国对外汉语教学界会如此高频率地提及汉语的难学。这是否可以看作是 1919 年“五四运动”对作为中国文化基本特征的汉字的猛烈攻击以及中国文化自卑情结的反映？这是否也可以理解为缺乏“去自我中心主义”的写照？而正是“去自我中心主义”才能保证我们去纵观一种语言“难”这一问题并以科学的视角将之提出。最后，“汉语与汉字难学”的宣扬有时会导致我们降低学习要求，而不是集中精力去钻研克服这些困难的教学方法与策略。

在描述外语时，我们更倾向于用“远距型语言”或者“近距型语言”来进行分类。对于西方学习者来说，汉语是一种远距型语言，与本国语言有着诸多差别；而对于韩、日等汉字文化圈的学习者来说，汉语则是一种近距型语言，与本国语言有很多相似之处。然而，学习远距型语言不一定就比学习近距型语言要困难。因为对一些学生来说，会有“距离产生动力”的效果。正因为汉语和学习者的母语差别很大，所以更能激发他们学习的兴趣。当然，对于不同国别的学生，在具体的教学方法上教师要注意区别对待。

八、汉语文化教学与传播模式

最近十年来，汉语文化教学出现了诸多亟待解决的问题。一是文化的定性问题，即对于何为文化、何为其教学内容存在不少混淆。二是汉语教师缺乏概括归纳汉语文化主题之基本特征的能力。三是汉语教学中的文化教学偏向于实用层面，即强调“动手做”，让外国学习者动手制作或亲身体验。四是选用何种语言来进行文化教学的问题。笔者在本书第五章中均已有详论，此处不再赘述。

九、教师角色

笔者曾以150名赴法志愿者和法国汉语教师为调查对象，询问他们“汉语教师最接近哪个角色”的问题。答案各不相同，有的说像“园丁”，有的说像“医生”，有的说像“大使”，甚至有的说像“朋友”等。这些回答都属于教师本人的自我意识表征（auto-représentation）。举例言之，如果教师像一个园丁，学生则应该像花儿。可是，把教师比作园丁，要么是无视师生关系中学生一方，要么是让学习者处在一种极其被动的地位，仿佛是等候园丁浇灌的花儿或菜儿一般。这样的师生关系是灌输与被灌输的关系，因而是违反现代教学理念的。

教师的角色应该接近于导演，学生的角色接近于演员。导演是指导演员表演的，说的话虽然不多，但是很有威严，并充分发挥他的指导角色。导演对脚本有全面而深刻的了解，并帮助演员理解自己的角色，而演员则根据导演的指导来进行表演并依角色说话，有很强的能动性与主动性。学生一旦处于被灌输状态则难以真正掌握并运用这门语言。因此，正确定位教师的角色在汉语作为第二语言教学中是非常重要的。

十、教学本土化

为了进一步推行汉语作为第二语言教学，孔子学院总部 / 中国国家汉办制定了很多相关的语言政策，开展了多种教学项目，并指派了相关专家来编定教材并进行教师培训。真正的本土化政策不能局限于将某一本特定的中国教材翻译成各国语言并回避各国禁忌（如针对阿拉伯国家删除“猪肉”一词等）。

关于教师培训，由中国教育部门选定一些专家来进行培训。而有关专家对一个特定国家究竟是否有准确、深刻的了解和认识？这是必须认真考虑的问题。据我们的了解，很多专家并不十分了解相应的国家。譬如，对在各国实际使用的汉语教材，对不同国家的学生在学习心理、文化兴趣方面的差异并不清楚。又如，在欧洲，“欧洲框架”对汉语教学有巨大的指导作用，而这些专家对“欧洲框架”的了解却相当有限，因而对各个级别的学生需要掌握的知识与教师欲达到的教学目标也并不明确。再如，有的专家在谈到法国的小学汉语教学时，认为对法国儿童来说，汉字很难记忆，因此提倡只用汉语拼音来教学。他们之所以有这样的想法，是因为按照中国对外汉语教学的传统观念，汉语拼音是拉丁字母，学生比较熟悉，因此会比较容易掌握。而法方认为，小学一年级或者二年级，因为孩子们刚开始真正学习拉丁字母，而这些字母在汉语中和在法语中的发音是很不一样的，所以进行拼音教学其实并非想象的那样容易。而只要我们对汉字进行正确的筛选，孩子们其实是比较容易接受汉字教学的。以上所述均有教学实验予以证明。

总之，教学本土化应该是一种真正以本土为中心的在中国人与外国人之间的双向、互动、平等的合作。

十一、汉语能力标准测试

目前国际上有不少衡量汉语语言能力的测试，然而最流行、最具国际地位的无疑是中国大陆推出的汉语水平考试（HSK）。汉语水平考试问世于1990年，是由北京语言学院（即今北京语言大学）的专家从20世纪80年代中叶开始研发的。

这个汉语水平考试现在已经被称为“老汉语水平考试”。老汉语水平考试在各个国家有20年的承办历史。法国、意大利、德国是从1994年开始承办这一考试的。老汉语水平考试尽管有它的一些不足，但还是具有相当的可信度，称得上是一个跟得上时代的权威考试，因而非常有利于当时汉语教学在国际上的发展。

2010年，中国大陆又出台了一个汉语水平考试，也被称为“新汉语水平考试”。新旧版本的汉语水平考试其实在宗旨和性质上有一定的对立性。新汉语水平考试明确说明它的目标是鼓励学习者学习汉语。我们对这一目标恕不敢完全赞同。因为语言测试的最基本功能应该是衡量，即用科学、客观、可靠的手段来衡量一位考生的各种语言能力。而假如在衡量语言能力的同时提倡鼓励学生学习，这就会使语言水平测试主观化。究其原因，在于中国想促进汉语在世界上的发展，故而降低汉语水平考试的标准以吸引更多的考生。举例而言，在新汉语水平考试（HSK 一级、HSK 二级）中，阅读理解部分每个汉字都注有汉语拼音。这显然违背了汉语在报纸、小说等读物上不标注拼音这一客观事实。如果考卷标注拼音，那就不可能真正地去衡量阅读理解的能力了，因此也就丧失了测试的可信度与科学性。另外一个问题是写作的测试。新汉语水平考试（HSK 三级、HSK 四级、HSK 五级、HSK 六级）用的是“书写”这一名称。而书写显然不属于言语能力的范畴。言语能力包括阅读理解、写作、听力理解、口语表达或对话，但是不包括所谓的书写。那么，为什么要将写作改为书写呢？如果只是为了增加考生总数而不惜降低考试标准，这种做法实在是不可取的。此外，我们也发现很多人往往倾向于用词汇量来作为各个等级的标准，这样的衡量标准显然并不十分合适。

总之，我们应该重新审视现行汉语水平考试等级评估的合理性。汉语能力标准测试的功能应该是鼓励学习者还是科学地衡量语言学习者的语言能力？这是一个至关重要的问题。

十二、尚未被研究或缺乏深入研究的领域

在汉语作为第二语言教学的研究中，还存在尚未被开发的处女地或缺乏深度挖掘的领地。以下我们就列举这样一些研究课题：

（1）汉语作为第二语言教学的学科历史。目前，鲜见相关的研究成果。在中国，关于学科历史的研究，通常或将其限于事实描述，或将其限于中国境内。之

所以有这个问题，这与外语的语言障碍以及“以自我为中心”的态度有关。然而，即便是中国在这一学科做出了最大的贡献，汉语作为第二语言教学作为一个总学科也应该是具有世界性的，因此我们在写学科历史时，不应该忽视它在美国、法国或者其他国家的发展状况，要更加关注其共性和个性。此外，学科历史研究存在的另一个问题是：研究没有真正建立在学科认识论上。学科认识论作为哲学的一部分，关注某某术语或某某现象出现的时代和意识形态背景。譬如，法国在 19 世纪初就出现了第一个汉学教授席位，那么根据学科认识论，我们就应该研究出现这一现象的必要条件。再如，法国的中学汉语教学在当今世界上居于领先地位，那么，为什么会是法国而不是欧洲其他国家？使这一现象出现的文化、政治、意识形态的条件是什么？这些是我们最应该思考与研究的问题。又比如，为何美国的汉语教学和法国的汉语教学存在诸多不同之处？导致这些差异的原因何在？这些问题也都有其丰富的时代背景和条件，需要研究者深入发掘其原因并予以阐述。

（2）书法教学法。在中国，针对外国学生的书法教学已经存在很久了，但是其教学方式仿佛打太极拳一般，依靠的是无声的模仿这一传授方法。在书法教学法研究领域中，关于如何有效传达书法知识和技能、如何支持书法知识的获取、如何培养字感、如何使学生达到精通书法的程度，均无严肃的研究成果，因此还是一块有待开发的处女地。

（3）学生个人认知倾向。我们认为，教师不能以同样的方式教不同偏好的学生。我们可以将学生分为视觉型和听觉型两大类，他们在处理知识获取时的方式是不同的。听觉型学生的注意力更侧重于听到的东西，因此在学习汉语拼音时，他们会注意汉语的韵律，会对声调的辨别和输出更加敏感，也会有一定的语音模仿能力。在记住汉字的字形时，听觉型学生更需要通过输入合体字每个部件的名称来帮助他们记忆汉字。而视觉型的学生不善于模仿声调和陌生音素，所以教师可以使用颜色来帮助他们记住声调。在汉字学习中，对于视觉型的学生，汉字原型溯源能帮助他们记忆汉字。而对于一个好学生来说，他们可以通过一些策略根据学习的需要在听觉型和视觉型之间自由转换。由于汉语说与写相分离的特征，汉语课堂正好是从事这方面研究的最佳试验田。

（4）学生的学习动机。笔者一生中在中国人面前被问过最多的问题不是“您贵姓？”，而是“您为什么学习汉语？”。我的回答是“我学习汉语是为了回答以后有人问我‘你为什么学习汉语？’”。认真思考之后，笔者发现自己之所以能走上汉学研究之路，与发现他者语言、文字、文化的求知欲有关，归根结底与汉字有关。因为汉字属于非字母语素文字，与自己的母语文字相距甚远，所以对汉字抱有好奇心。远距型语言、远距型文字、远距型文化正好因为其“远距”特征而成为学习者的一个很重要的学习动机。从教育心理学的角度出发，汉语教学界应当更加关注学习者的汉语学习动机，加强这方面的研究，以便采取相应的教学策略。如果我们能抓住学生的兴趣点，那么教学也就可能取得事半功倍的效果。

（5）汉语和“欧框”的兼容性问题。因为牵涉到语言标准和语言政策，所以这一点是汉语教学所面临的头等问题。首先，“欧框”在语言教学、语言学习及测试评估等方面提供了统一的参考标准，从而使语言教学法领域的思考取得了重要的进步。有了“欧框”以后，在欧洲国家的学校教育中有了统一的语言能力标准，并建立了总体分级标准（第一外语在小学毕业时学生要达到 A1 水平，高中毕业时达到 B2 水平；第二外语在高中毕业时达到 B1 水平；第三外语高中毕业时达到 A2 水平）。汉语作为第二语言教学的第一个障碍是至今中国尚未为汉语制定一套汉语语言能力等级标准，用于以具体和准确的方式来衡量每一项语言活动的各个水平。“欧框”的各个等级与 HSK 的六个级别相互对应，既不具有可操作性，也无任何实际价值。第二个障碍则不仅仅为汉语所有，而是针对所有语言的：根据语言的距离远近，需要对每一门语言所达到的水平做出区别。对于法语为母语的学习者而言，第一外语是意大利语（近距型语言）、德语（相对疏远的语言）、土耳其语（更疏远的语言）或者汉语（语言与文字均属于远距型），在高中毕业时的水平都统一设定为 B2 是否合理？另一方面，“欧框”中谈及的短期内可实现的难度很小的活动并不适用于汉语：一些简单的书写活动，诸如书写或读懂一张明信片或短小的广告，由于汉字的非透明性，这一活动短期内在汉语学习上却是令人生畏的。对语言距离的思考以及促成所有语言与“欧框”兼容的工作构成了目前汉语作为第二语言教学必须接受的又一个主要挑战。

（6）非语言科目融入外语教学。CLIL（Content and language integrated learning）或 EMILE（Enseignement de Matières par l’Intégration d’une Langue Étrangère，法语首字缩写恰好与卢梭的教育哲学著作《爱弥儿》同名）教学模式是 20 世纪 90 年代在西欧成型的，已得到教育界广泛的好评，在学习者中颇受欢迎。但是我们需要思考的问题是：不同的科目在外语教学面前是否应当采用同样的教学方法？从学科教学论的角度来说，答案显然是否定的。所有科目如果用外语教授，可以分为三类：内涵型科目（connotative content，如历史等）、外延型科目（denotative content，如数学等）、行动型科目（action-oriented content，如体育等）。目前该领域的研究成果依然极少，而使用外语教授非语言科目已经成为越来越热门的话题，因此相关的研究也应该尽快开展起来。

上述的这些“危机点”构成了21世纪汉语教学论学科所面对的认识论上的障碍。正如Bachelard Gaston所言，人们寻找科学发展的心理条件的时候，很快就得出这个信念：必须从障碍的角度提出科学认识的问题。问题不在于考虑外部的障碍，比如现象的复杂性和短暂性，也不在于指责人类在感觉和精神方面的弱点，而是在认知行为本身之中——那种深刻认知的行为本身之中——迟钝与紊乱才透过某种功能必然性而得以显现。我们正是在此指出停滞甚至倒退的原因，在此发现造成惰性的原因，我们把这种惰性称为认识论的障碍。①

当今汉语作为第二语言教学尽管其发展趋势是令人乐观的，然而发展中潜伏着各种危机，有诸多障碍需要克服，有众多问题亟待解决。

① Bachelard Gaston. 2000. La formation de l’esprit scientifique[M]. Paris, édition Vrin.

主要参考文献

中文文献

安立明，2012. 用汉语教授一门科目——对外汉语教学的一种策略 [J]. 数学通报，51（11）.

安子介，1991. 安子介现代千字文 [M]. 香港：瑞福有限公司 .

白乐桑，1996. 汉语教材中的文、语领土之争：是合并，还是自主，抑或分离？ [J]. 世界汉语教学（4）.

白乐桑，1997. 汉语语言文字启蒙 [M]. 北京：华语教学出版社 .

白乐桑，崔建新，2002. 说字解词 [M]. 北京：北京大学出版社 .

白乐桑，廖敏，2013. 法国汉语评估及教学划时代的飞跃——论 2013 法国外语高考改革对国际汉语教学的巨大推动 [J]. 华文教学与研究（4）.

白乐桑，张丽，2008.《欧洲语言共同参考框架》新理念对汉语教学的启示与推动——处于抉择关头的汉语教学 [J]. 世界汉语教学（3）.

北京语言学院语言教学研究所，1986. 现代汉语频率词典 [M]. 北京：北京语言学院出版社 .

费尔迪南·德·索绪尔，1980. 普通语言学教程 [M]. 高名凯，译 . 北京：商务印书馆 .

GUDER Andreas，2007. 面向欧美学生汉语教学的观察与思考 [A]. 第八届国际汉语教学讨论会论文集 [C]. 北京：高等教育出版社 .

洪深，1935. 一千一百个基本汉字使用教学法 [M]. 上海：生活书店 .

加斯东·巴什拉，2006. 科学精神的形成 [M]. 南京：江苏教育出版社 .

柳诒徵，2010. 中国文化史 [M]. 长沙：岳麓书社 .

鲁迅，1937. 关于新文字 [M]. 且介亭杂文 . 上海：上海三闲书屋 .

陆俭明，1999. 关于开展对外汉语教学基础研究之管见 [J]. 语言文字应用（4）.

陆俭明，2007. 汉语作为第二语言教学的本体研究和汉语本体研究 [J]. 世界汉语教学（3）.

陆俭明，2011. 我关于“字本位”的基本观点 [J]. 语言科学（4）.

吕必松，1999. 汉字教学与汉语教学 [A]. 汉字与汉字教学研究论文集 [C]. 北京：北京大学出版社 .

吕必松 . 我为什么赞成“字本位”汉语观——兼论组合汉语教学法 [EB/OL].（2011-09-26）[2016-08-12]. http://blog.sina.com.cn/s/blog_5bbada9d0100xl5r.html.

瞿秋白，1989. 普通中国话的字眼的研究 [M]. 瞿秋白文集（文学编 第三卷）. 北京：人民文学出版社 .

史亿莎，2012. 试论白乐桑的“法式字本位”教学法 [D]. 南京：南京大学硕士学位论文 .

汪德迈，2011. 从文字的创造到《易经》系统的形成：中国原始文化特有的占卜学 [J]. 儒家典籍与思想研究（1）.

王骏，2009. 字本位与对外汉语教学 [M]. 上海：上海交通大学出版社 .

王若江，2000. 由法国“字本位”汉语教材引发的思考 [J]. 世界汉语教学（3）.

王若江，2004. 对法国汉语教材的再认识 [J]. 汉语学习（6）.

王若江，2005. 法国十九世纪初中期汉语教材分析 [J]. 国际汉语教学动态与研究（4）.

徐明龙，2004. 黄嘉略与早期法国汉学 [M]. 北京：中华书局 .

徐通锵，1997. 语言论 [M]. 长春：东北师范大学出版社 .

徐通锵，2008. 汉语字本位语法导论 [M]. 济南：山东教育出版社 .

赵贤州，等，1982. 简明汉语课本 [M]. 上海：上海外语教育出版社 .

“中国语言生活状况报告”课题组，2008. 中国语言生活状况报告 [M]. 北京：商务印书馆 .

朱德熙，1985. 语法答问 [M]. 北京：商务印书馆 .

外文文献

Alessandra Vicentini. 2003. The Economy Principle in Language, Notes and Observations from Early Modern English Grammars[J]. Mots Palabras Words, 3/2003.

Allanic Bernard. 2003. Les corpus de caractères et leur dimension pédagogique dans la Chine ancienne et contemporaine[D]. Paris: INALCO.

André Martinet. 1955. Economie des changements phonétiques[M]. Berne, A. Francke.

Arieh Lewy. 1992. Fundamentals of Educational Planning Series[M]. International Institute for Educational Planning.

Auduc, J. L. & Bayard-Pierlot, J. (Eds.). 2001. Le système éducatif français[M]. Perraux-sur-Marne. Académie de Créteil.

Bachelard Gaston. 2000. La formation de l'esprit scientifique[M]. Paris, édition Vrin.

Bachelard Gaston. 2013. Le nouvel esprit scientifique[M]. Paris, PUF.

Christoph Harbsmeier. 1998. Science and Civilisation in China: Volume 7, The Social Background; Part 1, Language and Logic in Traditional China[M]. Cambridge University Press.

Conseil de l'Europe. 2001. Cadre européen commun de référence pour les langues: apprendre, enseigner, évaluer[M]. Paris, Didier.

Develay Michel. 1992. Didactique des disciplines. pédagogie, didactique générale[J]. Bulltin de C'AECSE, n°13.

Develay Michel. 1994. Comment former les enseignants[M]. Paris, ESF.

George Kingsley Zipf. 1949. Human Behavior and the Principle of Least Effort[M]. Cambridge, Massachusetts.

Houssaye J..1988. Le triangle pedagogique[M]. tome l, Berne, Peter Lang.

Joël Bellassen. 1989. Méthode d'initiation à la langue et à l'écriture chinoises[M]. Paris, La Compagnie.

Joël Bellassen. 2010. La didactique du chinois et la malédiction de Babel[J]. Etudes chinoises.

Laurence Horn.1993. Economy and Redundancy in a Dualistic Model of Natural Language[J]. Yearbook of the Linguistic Association of Finland.

Lyssenko, N. & D. Weulersse. 1986. Méthode programmée du chinois moderne[M]. 1-4 – Cours. Paris: Lyssenko.

Statement of the Fachverband Chinesische.V. (Association of Chinese Teachers in German Speaking Countries) on the new HSK Chinese Proficiency Test, June 2010.

Toulemonde, B. (Ed.). 2006. Le système éducatif en France – Les notices[M]. Paris, Documentation Française.

网　站

http:// lingua.mtsu.edu/chinese-computing/statistics/

附　录

附录 1：白乐桑教授指导的汉语教学法博士生及相关论文题目

外文名或拼音		中文名	博士论文题目
ARSLANGUL	Arnaud	安其然	Les relations spatiales dynamiques en chinois langue étrangère. L'expression des déplacements en chinois（汉语第二语言教学中的空间关系：汉语中的空间方位表达）
HAN EPOIS	Isabelle		L'enseignement des langues étrangères en classe de collège en République populaire de Chine: du "maître" au "maître-d'œuvre": regards et réalités d'enseignants à Chengdu（中国的初中外语教学：成都外语教师的视角与现实观照）
LIAO	Min	廖　敏	Acquisition des expressions de temps en chinois par des adultes francophones en formation continue（法国继续教育中成年人的汉语时态表达习得）
YU	Wenhong	于文虹	La certification linguistique de chinois langue étrangère HSK mise en examen-Analyse et perspectives didactiques（汉语水平考试评析）
ZHOU	Lu	周　璐	Didactique du chinois classique（从教学论视角探讨文言文教学）
SHU	Changying	舒畅瑛	Les enseignants de chinois non natifs dans l'éducation secondaire en France. Trajectoires, représentations, identités, profils（法国中学汉语非母语中文教师：轨迹、表现、身份、个人特征）

（续表）

外文名或拼音		中文名	博士论文题目
ALLANIC	Bernard	安　雄	Les corpus de caractères et leur dimension pédagogique dans la Chine ancienne et contemporaine （古代与现当代中国的汉字语料及其教学作用）
ZHANG	Ying	张　莹	Le chinois dans l'enseignement français, la construction d'une discipline. Une approche historico-épistémologique （法国教学体制中的汉语学科建设：历史与认识论的研究）
WANG SZILAS	Jue	王　珏	Les enjeux de l'intégration de l'eTandem en didactique des langues-cultures étrangères: interactions entre apprenants et dynamique institutionnelle dans un dispositif universitaire sino-francophone （中法文 e 搭档课程的教学设计与学习者互动研究）
ZHANG	Li	张　理	Analyse des difficultés rencontrées par les étudiants chinois au cours de leur apprentissage du français et réflexions didactiques: à partir de la voix passive （中国学生在法语学习中所遇到的困难分析及其教学思考：从被动态出发）
WANG	Hong	王　红	Le "niveau-seuil" de la compréhension écrite du chinois langue seconde （汉语第二语言教学中阅读理解的入门水平）
GONG	Junji	龚君姬	Les termes de parenté en chinois: de la spécificité culturelle d'un découpage de monde à la réduction d'une zone de résistance pédagogique （汉语亲属称谓语：从亲属关系的文化特性到教学阻力区的减少）
GUO	Yufei	郭宇飞	La politique linguistique intérieure en chine: entre unité et diversité. Le débat autour du cantonais au début du 21e siècle （中国境内语言政策的统一性与多样化：21 世纪初围绕广东话的争论）
SUN	Lam	孙　琳	Approche psycho-cognitive et didactique des caractères chinois，et application multimédia （汉字心理认知研究）

（续表）

外文名或拼音		中文名	博士论文题目
WANG	Yan	王　彦	Les compétences culturelles et interculturelles dans l'enseignement du chinois en contexte secondaire français （法国中学中汉语教学的文化与跨文化能力）
LI	Jing	黎　静	Stratégies d'apprentissage des sinogrammes chez les étudiants francophones （法国学生的汉字学习策略）
LIN	Chi-Miao	林季苗	Typologies sinographiques et incidences didactiques （汉字类型与教学影响）
FAVALORO	Frine	斐瑞兰	L'enseignement de la culture chinoise au sein de l'enseignement de la langue dans les établissements de l'éducation secondaire （中学汉语教学中的中国文化教学）
SHEN FRIPPIAT	Hanjiao	沈含娇	La langue chinoise du cyberespace et l'émergence de l'activité langagière d'interaction écrite synchrone et asynchrone en chinois （网络汉语及其同步与非同步书面互动语言活动的出现）
SONG	Weiyi	宋惟一	L'intersinographie （中介汉字研究）

附录 2：《欧洲语言共同参考框架：学习、教学、评估》分级标准

《欧洲语言共同参考框架：学习、教学、评估》在语言能力分级方面，分为依次递升的三阶段六等级（A1 基础级、A2 初级、B1 中级、B2 中高级、C1 高级、C2 精通级），并建立了总体分级标准。

等级 A1：基础级

关键信息：简单的问题，亲近而随意的环境

等级 A1 所需语言能力：

学生能够理解和运用通俗常用的词组，进行简单的表述以满足具体要求。学生能够自我介绍，介绍某个人，向一个人提出与此人相关的问题（如居住地、与他人的关系、拥有的物品等）。学生能够回答类似的问题。如果对方说话语速缓慢、口齿清晰，并表现得乐于合作，学生能够与之进行简单的交流。

等级 A2：初级

关键信息：简单的描述和对话

等级 A2 所需语言能力：

学生能够理解表述最切身相关领域的单独的句子和常用的词组（如个人和家庭信息、买东西、熟悉的环境、工作等）。学生能够在完成简单和习惯性的任务时，对熟悉和习惯性的内容进行简单而直接的信息交流。学生能够用简单的表达方法描述自己的学习经历、所在环境以及常见的生活需求。

等级 B1：中级

关键信息：尽量设法表达自己的观点

等级 B1 所需语言能力：

当对方讲话清晰、用词标准，并且讲话内容是有关工作、学习、爱好等自己熟悉的主题时，学生能够理解大概的意思。学生能够对熟悉的内容和有兴趣的题目进行简单而完整的讲话。学生能够讲述一个事件、一次经历或者一个梦，描述一个愿望或者一个目标，并能简短地陈述某个计划或想法，或者对其进行解释。

等级 B2：中高级

关键信息：表达一个看法，系统地支持一个论据

等级 B2 所需语言能力：

学生能够理解一篇复杂的文章中具体或抽象内容的主要观点，就其个人有所研究的领域进行专业性的讨论。学生能够比较自如流利地与讲本族语的人进行交流，双方都不感觉紧张。学生能够就广泛领域的主题清楚而详细地表达自己的观点，对时事问题提出看法，并能对某件事情陈述其利弊。

等级 C1：高级

关键信息：自由而流利地表达自己的观点，较好的语言掌握能力

等级 C1 所需语言能力：

学生能够理解广泛领域的高难度长篇文章，并且理解文中隐含的意思。学生能够自由而流利地表达自己的观点，无须尽力寻找应使用的词语。学生能够在其社会、专业或学术生活领域中有效而灵活地运用语言。学生能够清楚而有条理地就复杂的主题表达自己的观点，讲话时语言组织合理，发音清晰，前后连贯。

等级 C2：精通级

关键信息：无须费力即可理解，自由地表达自己的观点

等级 C2 所需语言能力：

学生无须费力即可理解几乎所有读到或听到的内容。学生能够对来源于书面或口头的各种信息进行有条理的总结。学生能够自由、流利、准确地表达自己的观点，并且能够运用不同层级的词语进行表述。

附录 3：法国高中汉语教学大纲一外、二外、三外、汉语国际班汉字门槛表

从 2007 年起，在法国的基础教育中所有外语都被纳入一个统一的教学大纲之中。汉语与日语属于特殊的文字系统，要求在学习中采取与字母文字不同的教学进度，因此汉语和日语中的汉字门槛以纲领性文件的身份得以单独发布，而其他任何一门外语都没有专门的内容获得同样的“礼遇”。

法国官方发布的汉字门槛均是基于汉字在书面语和口语中的频率、汉字的构词能力、文化以及汉字字形方面的考量而设定的。这些汉字门槛规定了汉语作为第一外语、第二外语、第三外语在高中毕业时必须掌握的汉字。同时，文件还明确区分了主动字（既要求认读也要求书写的字）和被动字（只要求认读的字）。高考写作中，被动字可以使用拼音。此外，门槛之外的汉字则更是允许使用拼音。以下为所有汉字门槛：

汉语作为第一外语：805 字门槛，其中包括 505 个主动字

汉语作为第二外语：505 字门槛，其中包括 355 个主动字

汉语作为第三外语：405 字门槛，其中包括 255 个主动字

中文国际班：1555 字门槛

小学国际班：255 字门槛

104 个高频汉字偏旁门槛

一外：805 字门槛

啊 爱 安 按 八 把 爸 吧 白 百 拜 班 般 板 半 办 帮 包 保 抱 报 杯 北 背 备 被 本
比 笔 必 边 变 便 遍 标 表 别 并 病 补 不 步 部 才 财 彩 菜 参 草 层 曾 茶 查 差
产 长 常 厂 场 唱 车 成 承 城 程 吃 出 初 除 楚 处 穿 传 船 窗 床 春 词 此 次 从
村 存 错 达 答 打 大 呆 代 带 单 但 蛋 当 党 导 到 道 的 得 灯 等 低 底 地 弟 第
点 典 电 店 调 掉 定 冬 东 懂 动 都 独 读 度 短 段 断 队 对 多 朵 饿 儿 而 二 发
法 反 饭 方 房 访 放 飞 非 费 分 份 风 封 夫 服 福 府 父 妇 复 富 该 改 概 干 敢
感 刚 高 搞 告 哥 歌 格 个 各 给 根 跟 更 工 功 公 共 狗 够 古 故 顾 瓜 挂 怪 关
观 官 管 馆 惯 光 广 规 鬼 贵 国 果 过 还 孩 海 害 汉 好 号 喝 河 合 和 何 黑 很

恨红后候呼胡湖虎护户互花华化划画话怀坏欢环换黄回会婚活火或货获机鸡积基及极级急几己计记技季济继寄加家假价架间简见件建健江将讲交教饺角脚叫较接街节结姐解介界今斤金仅紧近尽进京经睛精景境静九久酒旧就救居举句具剧据决觉军开看康考靠科可渴刻客课肯孔口哭苦块快筷况困拉来浪劳老了乐类累冷离礼李里理力历利丽例连联脸练凉粮两辆亮谅量料林零领另流留六龙楼路绿旅论落妈马吗买卖满慢忙毛么没每美门们梦迷米面民名明命母目拿哪那奶男南难脑闹牛呢内能你年念娘您农弄暖女欧怕排旁胖跑朋皮篇片票漂品平评破普七期其齐奇骑起气汽器千前钱强墙桥切且亲青轻清情请庆穷秋求球区取去趣缺却确全然让热人认任日容肉如入赛三色杀山伤商上少绍社谁身深神什升生声省师诗十时识实食始史使市示世式试视事是适室收手首受书舒熟术树数双水睡说顺司思死四送诉算虽随岁所他她它台太谈特疼提题体替天条铁听庭停通同统头突图推外完玩晚碗万王网往忘望卫为位味温文闻问我屋无五午物西希息习洗喜系细下吓夏先鲜显现线乡香相响想向象像消小笑校效些鞋写血谢心新信星行形醒姓兴幸性休修须需许续选学雪亚呀言颜眼演验阳羊养样要药爷也业夜一衣医已以义艺易意因阴音印应英影用由油有友又右于鱼与雨语育遇元员园原远院愿约月越运杂在再咱早造怎增展站张章丈招找照着者这真整正证政之支知只直值职纸指至志治制中钟终种众重州周洲主住注助祝著专转装准桌资子仔字自总走租足族组嘴最昨左坐作做

（说明：一外需要掌握的主动字门槛即为二外的 505 字门槛）

二外：505 字门槛

啊爱安八把爸吧白百班半办帮包报杯北备被本比笔边变便表别并病不部才菜茶差产长常厂场唱车成城吃出初除楚处穿传床春词此次从村错答打大代带但当到道的得等低底地第点电店定冬东懂动都读短对多饿儿而二发法反饭方房放飞非费分份风封夫

服父该干感刚高告哥歌个各给跟更工公共古怪关管馆惯广贵国
果过还孩海汉好号喝河合和黑很红后候湖花化画话坏欢黄回会
婚活火或机鸡极急几己记寄家假间见件江讲交教饺叫较接街节
结姐解介界今斤金近进京经九久酒旧就决觉开看可渴刻课口块
快筷况来老了累冷离礼李里理力连凉两辆亮零另六龙楼路妈马
吗买卖慢忙毛么没每美门们米面民名明母目拿哪那男南难脑牛
呢能你年念您农女欧怕旁胖跑朋皮片票品平七期其奇骑起气汽
千前钱亲轻清情请秋区取去趣全然让热人认日肉如三色山商上
少绍社谁身什生声师十时识实始市世视事是室收手首受书树双
水睡说思死四送诉算虽岁所他她它太谈特提题体天条听同统头
突图外完玩晚万王网往忘望为位文问我无五午物西希息习洗喜
系下夏先现相想向像消小笑校些写谢心新信星行姓兴休许学亚
言阳羊样要药也业夜一衣医已以意因音应影用友有又于鱼雨语
园原远院愿月越在再咱早怎站张找照者这着真正之只知纸中钟
种重洲主住助祝准子字自总走租最昨坐作做

二外355个主动字门槛

爱八把爸吧白百班半办包报杯北本比笔边别病不才菜茶差长常
场车城吃出春次从村打大代带但当到道的得地第点电店定冬东
懂动都对多儿二发法饭方房放飞非分份夫服父该干刚高告哥个
各给跟更工公共古关馆广贵国果过还孩海汉好号喝河和黑很红
后候花化画话欢黄回会活火机几己家间见件讲叫较节今斤近进
京经九久酒旧就觉开看可刻课口块快筷来老了累冷离李里连凉
两另六楼路妈马吗买卖慢忙毛么没每美门们米面民名明母哪那
男南难脑牛呢能你年念您农女怕朋票平七期其起气汽千前钱亲
轻请区去然让热人认日肉如三山商上少谁身什生师十时识实始
市事是手书水说思四诉虽岁所他她它太题体天条听同头图外完
玩晚万王为位文问我五午物西喜下先现想向小笑校些写谢心新
信星行姓兴许学羊样要也一衣医已以意因应影用友有又雨语园

远院月越在再早怎张找这着真正只知中钟种重主住子字自走最昨坐作做

三外：405字门槛

爱安八把爸吧白百班半办包报杯北本比笔边变别病不部才菜茶差长常场车成城吃出处穿床春次从村错打大代带但当到道的得等地第点电店定冬东懂动都读对多饿儿二发法饭方房放飞非分份风夫服父该干刚高告哥个给跟更工公共古关馆惯广贵国果过还孩海汉好号喝河和黑很红后候湖花化画话坏欢黄回会活火或机鸡几己家间见件江讲教饺叫较街节界今斤近进京经九久酒旧就觉开看可刻课口块快筷来老了累冷离李里连凉两辆零另六龙楼路妈马吗买卖慢忙毛么没每美门们米面民名明母拿哪那男南难脑牛呢能你年念您农女怕旁朋票平七期其骑起气汽千前钱亲轻请秋区去然让热人认日肉如三山商上少谁身什生声师十时识实始市世视事是室收手书树水睡说思四诉虽岁所他她它太特题体天条听同头图外完玩晚万王网往忘为位文问我五午物西息习喜系下先现想向像小笑校些写谢心新信星行姓兴休许学羊样要药也夜一衣医已以意因音应影用友有又鱼雨语园远院月越在再早怎站张找者这着真正只知中钟种重主住子字自走最昨坐作做

三外255个主动字门槛

爱八爸吧白百半办杯北本比笔边别病不菜茶长常车城吃出从打大到道的得地点电店冬东懂都对多儿二法饭方房飞非分夫父干刚高哥个给跟工古关馆贵国果过还孩海汉好喝和很红后候花画话欢回会活火机几家间见叫今近进京九酒就觉开看可课口块快筷来老了累冷李里两六妈吗买卖忙毛么没每美门们米面名明母哪那男南难呢能你年念您女朋票七期其气汽前钱亲请去让人认日肉如三山商上少谁什生师十时识是书水说思四岁他她它太题天听同图外完玩晚王为文问我五午西喜下先现想小些写谢心新信星姓兴许学样要也一以意因影用友有又雨语远月在再早怎张这只知中重住子字走昨坐作

汉语国际班：1555 字门槛

阿啊癌矮爱碍安岸按案暗奥澳八巴把爸罢吧白百摆败拜班般搬
板版办半伴帮包胞薄饱宝保报抱暴爆杯背北备倍被贝本鼻比彼
笔币必毕闭避壁边编变便遍辩标表别宾冰兵饼并病波播伯博补
捕不布步部擦才材财裁采彩菜参餐残藏操草册厕侧测策层曾叉
插茶查察差柴产长常厂场唱超朝潮吵炒车彻沉晨衬称成诚承城
乘程吃池迟持尺冲充虫重抽绸出初除厨础楚处触纯川穿传船创
窗床吹春纯词此次刺聪从粗促醋村存寸措错打达答大呆代带待
袋戴旦担单但蛋当党刀导岛倒到道得德地的灯登等低敌抵底弟
帝第典点电店殿调掉丁顶订定丢东冬懂动都斗豆督毒独读肚度
端短段锻断堆队对兑吨盾顿多夺朵俄额恶饿恩儿而耳尔二发乏
罚法翻凡烦繁反返犯饭泛范方防房访纺放飞非啡肥废费分纷氛
粉份奋丰风封佛否夫服浮符幅福府辅腐父付负妇附复副傅富该
改盖概干杆肝赶敢感刚钢岗港高搞稿告哥割歌革格隔个各给根
跟更工公功攻供宫巩共贡狗构购够估姑古谷股骨鼓固故顾雇瓜
刮挂怪关官观冠馆管惯光广逛归规鬼贵滚国果过哈还孩海害含
函寒喊汉汗航号毫好喝合何和河荷核贺黑很恨横红洪后厚候乎
呼忽胡壶湖虎互户护花划华滑化画话怀坏欢环换皇黄灰挥恢辉
回毁汇会婚混活火伙或货获击机鸡积基激及吉级极即急集籍几
己挤计记纪技际季济既继寄绩加家甲假价架尖坚间艰监煎兼检
减简见件建荐健渐键践江将讲奖降酱交郊胶教角饺脚叫觉较阶
接揭街节杰结姐解介届界借巾斤今金津禁仅尽紧进近劲京经惊
睛精井景警径净竟敬静境镜究九久酒旧救就居局举巨句拒具剧
据距聚卷决绝军均君咖卡开刊看康抗考烤靠科可渴克刻客课肯
空恐孔控口哭苦库裤夸跨块快筷宽款况矿亏困扩括拉啦辣来兰
蓝篮览浪劳老乐了雷类累冷离黎礼李里理力历励立丽利例俩连
联脸练炼恋良凉梁量粮两亮辆谅疗聊料列烈裂邻林临令灵零龄
领另留流六龙楼露炉陆录路旅律虑率绿乱略轮论罗洛落妈麻马
码骂吗买麦卖满慢忙猫毛矛冒贸帽么没媒煤每美妹门们盟梦迷
米秘密棉免面苗描妙灭民敏名明命模磨末墨莫谋某母亩姆木目

幕拿哪那纳乃奶耐男南难脑闹呢内能尼泥你拟年念娘鸟您宁牛
农弄女努怒暖诺欧爬怕拍排牌派盘判旁胖炮跑培配朋碰批皮啤
偏篇片骗漂票拼贫品聘平评苹凭瓶坡迫破普铺七妻期齐其奇骑
旗企启起气弃汽器恰千铅签前钱枪强墙侨桥巧且切侵亲琴青轻
倾清情晴请庆穷秋求球区曲取去趋趣圈权全拳劝缺却确裙群然
染让扰绕热人仁认任扔仍日荣容肉如入软若弱塞赛三伞散丧扫
色杀沙厦山衫扇善伤商赏上尚烧稍勺少绍舌蛇舍设社射谁申伸
身深什神审甚升生声省圣胜盛剩失师诗施湿十石时识实拾食史
使始士示世市式事势饰试视是适室释匙收手守首寿受授售兽瘦
书叔殊舒输熟暑属数术束述树双水税睡顺说司丝私思斯死四寺
似松送苏诉俗素速宿酸算虽随岁碎孙损缩所索锁他它她塔台抬
太态谈弹坦探汤唐堂糖躺逃讨套特疼踢提题体替天田甜填挑条
跳贴铁厅听庭停挺通同铜童统痛偷头投透突图徒途土团推腿退
托拖脱挖瓦外湾完玩晚碗万亡王网往忘望危威微为违围唯维伟
伪尾委卫未位味谓喂温文闻蚊稳问我卧握污屋无五午伍武舞勿
务物误西吸希析息习席袭洗喜戏系细虾下吓夏仙先鲜闲咸显险
县现限线宪陷献乡相香箱详享响想向项巷象像消销小孝校笑效
些协鞋写械谢心辛欣新信兴星行刑形型醒幸性姓兄雄熊休修秀
袖须需许序续宣旋选削学雪血旬寻询训讯迅压呀鸭牙雅亚烟延
严言炎沿研盐颜眼演宴验央羊扬阳洋养样要邀谣药钥爷也野业
叶页夜液一伊衣医依仪宜移遗疑乙已以椅亿义艺忆议亦异译易
益谊意因阴音姻银引饮印应英迎营赢影映硬拥永勇用优忧尤由
邮油游友有又右幼于予余鱼愉与雨语玉育预域遇欲寓愈元园员
原圆援源远怨院愿约月越阅云允运扎杂灾载在再咱暂赞脏遭早
澡造则责择怎增炸展占战站章张掌丈帐障招着找召照折哲者这
针真诊阵振震镇争征整正证症政之支只汁枝知织执直值职植殖
止址纸指至志制质治致智置中终忠钟种众州周洲猪竹逐主助住
注驻祝著筑抓专转庄装壮状追准桌资子仔自字宗综总走奏租足
族阻组祖钻嘴最罪醉尊昨左作坐座做

小学 255 字门槛（小学国际班课程毕业时需要掌握的汉字）

爱八爸吧白百半办杯北本比笔边别病不菜茶长常车城吃出从打大到道的得地点电店冬东懂都对多儿二法饭方房飞非分夫父干刚高哥个给跟工古关馆贵国果过还孩海汉好喝和很红后候花画话欢回会活火机几家间见叫今近进京九酒就觉开看可课口块快筷来老了累冷李里两六妈吗买卖忙毛么没每美门们米面名明母哪那男南难呢能你年念您女朋票七期其气汽前钱亲请去让人认日肉如三山商上少谁什生师十时识是书水说思四岁他她它太题天听同图外完玩晚王为文问我五午西喜下先现想小些写谢心新信星姓兴许学样要也一以意因影用友有又雨语远月在再早怎张这只知中重住子字走昨坐作

104 个高频汉字偏旁门槛

偏旁是汉字的一个记忆单位，因此从偏旁入手帮助学生记忆汉字是符合记忆规律的，偏旁有必要作为主动知识要求所有学生（包括一外、二外及三外）掌握。在这 104 个偏旁中，不仅有字典首页所列出的部首，还有诸如“也”和“不”这样的汉字，因为它们作为部件时也经常出现在使用频率较高的汉字里。相反，个别常用的部首，譬如“鱼”，并未被收入，因为这一部首只出现在一些不太常用的汉字中。

序号	偏旁	释义	例字	序号	偏旁	释义	例字
1	又	main droite	友	13	匕	homme renversé	北
2	讠	parole	说	14	宀	toit	安
3	亻	parolehomme	你	15	小	petitesse	少
4	刂	couteaute	刻	16	巾	tissu	市
5	阝	rtre	阳	17	工	travail	江
6	阝	ville	都	18	口	bouche	吃
7	力	force	男	19	扌	main	打
8	冫	glace	冷	20	饣	nourriture	饭
9	卜	divination	外	21	门	porte	间
10	厶	privé	公	22	彳	pas du pied gauche	很
11	几	table basse	没	23	广	hangar	店
12	八	séparation	分	24	弓	arc	张

（续表）

序号	偏旁	释义	例字	序号	偏旁	释义	例字
25	辶	marche rapide	这	58	斤	hache	近
26	日	soleil	是	59	户	battant de porte	房
27	马	cheval	骑	60	爪	griffe	爱
28	口	enceinte	国	61	牛	bœuf	物
29	大	grandeur	太	62	示 / 礻	rites	票 / 礼
30	夂	pied renversé	处	63	元	unité	院
31	子	enfant	孩	64	方	espace	放
32	山	montagne	岁	65	不	négation	还
33	犭	animal griffu	狗	66	欠	homme bouche ouverte	欢
34	土	terre	地	67	戈	hallebarde	找
35	士	lettré	喜	68	止	orteil	正
36	女	femme	她	69	长	longueur	张
37	寸	pouce	对	70	老	vieillesse	者
38	也	serpent	他	71	毛	poil	笔
39	亡	disparition	忘	72	气	souffle	汽
40	廾	mains jointes	开	73	反	opposition	饭
41	纟	soie	红	74	占	prédiction	站
42	艹	herbe	茶	75	乍	encolure	作
43	氵	eau	河	76	钅	métal	钱
44	夕	crépuscule	外	77	矢	flèche	知
45	忄	cœur debout	快	78	目	œil	看
46	心	cœur	想	79	母	mère	每
47	车	char	辆	80	疒	maladie	病
48	夬	jade ébréché	快	81	穴	grotte	空
49	衤	vêtement	被	82	玉	jade	国 / 玩
50	月	chair/lune	有 / 期	83	禾	céréale	和
51	灬	feu	热	84	鸟	oiseau	鸡
52	火	feu	灯	85	石	pierre	硬
53	木	bois	机	86	田	champ	男
54	攵	maintenant un bâton	教	87	白	blanc	的
55	贝	coquillage	贵	88	立	station debout	站
56	见	vue	现	89	且	natte à offrandes	姐
57	巴	boa	把	90	虫	bestiole	虽

（续表）

序号	偏旁	释义	例字	序号	偏旁	释义	例字
91	竹	bambou	筷	98	西	ouest	要
92	舟	barque	般	99	走	march	起
93	羊	mouton	样	100	足	pied	跟
94	米	riz	楼	101	雨	pluie	零
95	交	croisement	校	102	隹	oiseau à queue courte	谁
96	亥	élément “hai”	孩	103	青	bleu-vert	请
97	艮	élément “gen”	跟	104	其	tamis	期

后 记

本书试图透过法国独树一帜的汉语教学来探讨汉语作为第二语言教学发展中的学科建设、汉语教育本体、汉语教学大纲、汉语高考评估、师资培训以及“汉语热”的增长危机等问题，以便对各个问题进行重新审视，从而更好地展望未来。

在本书即将付梓之际，我要特别感谢我的博士生龚君姬。在书稿的写作中，她参与了不少整理编辑工作，使本书得以如期出版面世。

白乐桑（Joël Bellassen）